GOLDMANN
ARKANA

Giulio Cesare Giacobbe

Zum Buddha werden in 5 Wochen

Aus dem Italienischen
von Elisabeth Liebl

GOLDMANN
ARKANA

Die italienische Originalausgabe erschien 2005 unter dem Titel »Come diventare un Buddha in cinque settimane« bei Ponte alle Grazie, Mailand.

FSC
Mix
Produktgruppe aus vorbildlich bewirtschafteten Wäldern und anderen kontrollierten Herkünften
Zert.-Nr. SGS-COC-1940
www.fsc.org

Verlagsgruppe Random House FSC-DEU-0100
Das für dieses Buch verwendete FSC-zertifizierte Papier *München Super* liefert Mochenwangen.

1. Auflage
Deutsche Erstausgabe Februar 2007

Umschlaggestaltung: Design Team München
Umschlagmotiv: Daniele Melani
Redaktion: Gerhard Juckoff
WL · Herstellung: CZ
Satz: Greiner & Reichel, Köln
Druck und Bindung: GGP Media GmbH, Pößneck
Printed in Germany
ISBN: 978-3-442-21777-9

www.arkana-verlag.de

Meinem Sohn Yuri,
der schon zu seinen Lebzeiten ein Buddha war
und der im Sterben mir, dem Lebenden,
seine Buddhanatur übertrug,
2558 Jahre nach der Geburt des Buddha
Siddhartha Gautama Shakyamuni.

Inhalt

Einführung 11

1 Was ist ein Buddha? 19

2 Wer war der Buddha? 31

3 Die ursprünglichen Lehren des Buddha . . . 41

4 Die Vier Edlen Wahrheiten 47

5 Das rechte Verstehen 53

6 Das rechte Denken 63

7 Rechte Rede, rechtes Handeln,
rechter Lebenserwerb 67

8 Die rechte Anstrengung 73

9 Die rechte Achtsamkeit 77

10 Die rechte Konzentration 81

11 Der Edle Achtfache Pfad –
kurz und bündig 85

12 Die praktischen Ziele des Edlen Achtfachen Pfades 91

13 Eine wissenschaftliche Methode 97

14 Die Kontrolle des Geistes 103

15 Das Gegenwärtigsein in der Wirklichkeit .. 129

16 Das Bewusstsein der Unbeständigkeit 145

17 Die Haltung des Nicht-Anhaftens 153

18 Allumfassende Liebe 167

19 Wie man die Buddhaschaft bewahrt 181

Zu guter Letzt 189

Du, Wanderer im Universum,
der du das Dasein wie ein Meteor durchmisst,
versäume nicht, deinem Sturz ins Nichts
einen Sinn zu geben.
Häufe nicht Nichts auf Nichts.
Gib deiner flüchtigen Gegenwart
in dieser flüchtigen Wirklichkeit einen Sinn,
strebe nach der sublimsten aller Verwirklichungen,
dem höchsten Ziel des Bewusstseins,
das die Materie adelt:
der allumfassenden Liebe,
die nicht an ihrem Gegenstand haftet.
In dir steckt ein Buddha:
Lass ihn heranwachsen,
bis auch du zu einer Inkarnation des Erhabenen wirst.
Mögen im ewigen Fluss vom Nichts zum Nichts
zwischen einem Nichts und dem nächsten
Bewusstheit und Liebe
ihren Platz in der Entwicklung
dieses Universums einnehmen.

Einführung

In diesem Buch geht es nicht um die Religion des Buddhismus.
Ich möchte Ihnen hier vielmehr die *psychologische Methode* vorstellen, die der Buddha ursprünglich gelehrt hat.[1]
Buddhas Lehren dienten nämlich nur einem einzigen Zweck: der ***Befreiung vom Leiden***.

Ich lehre einzig, was der Erkenntnis des Pfades dient. Was diesem Ziel nicht nützt, wird von mir nicht gelehrt. Jenseits der Frage, ob das Universum endlich oder unendlich, zeitlich begrenzt oder ewig ist, hat doch nur eine Wahrheit Bestand: die Wahrheit vom Leiden. Das Leiden entsteht aus Ursachen, die verstanden und beseitigt werden können. Ich

---

1 So kommen Sie nicht in die Verlegenheit, sich das Haupthaar scheren lassen und mit der Bettelschale in der Hand durch die Straßen ziehen zu müssen. Vor allem aber kommen Sie darum herum, nur orangefarbene Sachen anziehen zu dürfen. Was all jene, deren Lieblingsfarbe nicht Orange ist, sehr begrüßen werden.

lehre, was nützlich ist zur Lösung vom Leiden, zur Erlangung des Gleichmuts, des Friedens und der Befreiung. Was dem Pfad nicht nützlich ist, davon rede ich nicht.[2]

Offenkundig spricht der Buddha hier nicht vom körperlichen Leiden, denn sonst wäre er ja als Arzt in die Geschichte eingegangen.
Nein, es geht ihm um das *psychische* Leiden.
Der Buddha war also Psychologe.[3]
Wie man sieht, war psychisches Leid schon vor zweitausendfünfhundert Jahren recht verbreitet. Tatsächlich galt Leiden als das Kennzeichen des menschlichen Daseins schlechthin.

---

2 *Suttapitaka, Majjhima Nikaya, Upakkilesa-Sutta*. Deutsche Fassung übersetzt nach Giacobbe.

3 In einem meiner früheren Bücher (*Alla ricerca delle coccole perdute*, Mailand 2004) wies ich bereits darauf hin, dass Jesus nicht nur der Sohn Gottes, sondern obendrein ein ausnehmend kluger Psychologe war. Wie alle Söhne schockierte er seinen Ziehvater, indem er nicht dessen Beruf (Zimmermann) ergriff, sondern stattdessen eine intellektuelle Laufbahn einschlug (die sich – wie wir alle wissen – zwar als weniger anstrengend, dafür aber als sehr viel gefährlicher erwies). Unter allen damals existierenden Erwerbsmöglichkeiten hat Jesus quasi denselben Beruf gewählt wie wir Psychologen. Wir können also zu unserem Kollegenstamm sogar den Sohn Gottes rechnen! Dass jetzt auch noch der Buddha dazugehören soll, ist schon unglaublich! Es würde mich gar nicht wundern, wenn sich am Ende auch noch Mahatma Gandhi und Golda Meir als Psychologen herausstellen würden.

Dies besagt zumindest die Erste der Vier Edlen Wahrheiten, der erste Lehrsatz, den der Buddha verkündete: dass das Leiden die Grunderfahrung des Menschen ist.
Und wie kommt es nun zu diesem Leiden?
Genau diese Frage hat sich der Buddha auch gestellt. Und er hat eine Antwort gefunden: *Das Leiden entsteht aus der falschen Sicht der Wirklichkeit.*
So hat uns der Buddha die Augen für eine andere Sicht auf die Wirklichkeit geöffnet. Und er legt uns Verhaltensweisen ans Herz, die Gelassenheit, inneren Frieden, Heiterkeit, Freude und Liebe fördern.
Anders gesagt: Er hat uns den Weg zu Glück und Wohlbefinden gezeigt.
Wie effektiv dieser Weg ist, lässt sich schon an der ungeheuren Verbreitung ablesen, die der Buddhismus in der Welt gefunden hat. Im Zuge dieser Verbreitung hat der buddhistische Weg die Form einer traditionellen Religion angenommen.[4]
Doch die zentrale Lehre des Buddha ist, wie wir noch sehen werden, in erster Linie eine Methode, mit unserer Psyche besser zurechtzukommen.

---

4 Die religiöse Version des Buddhismus eignet sich für all jene, die starke religiöse Neigungen besitzen. Sie ist mit der psychologischen Methode, die der Buddha gelehrt hat, nicht deckungsgleich.

Eine Methode, mit der wir uns vom Leid befreien können. Die uns in die Lage versetzt, stets in heiterer *Gelassenheit* zu leben.
Was gleichbedeutend ist mit: ein Buddha werden.
Die Lehre des Buddha ist einfach und kann von jedem Menschen angewandt werden.
Sogar von kleinen Kindern.

Ihr seid alle intelligente Kinder, und ich bin sicher, dass ihr die Dinge, die ich mit euch teilen möchte, verstehen und üben könnt. Der Große Pfad, den ich entdeckt habe, ist tiefgründig und subtil, doch die, die willens sind, ihr Herz und ihren Geist darauf zu richten, können ihn verstehen und ihm folgen.[5]

Die Tradition hat diese Lehre in eine Theorie verwandelt.[6]
In Wirklichkeit aber ist die Lehre des Buddha eine

---

5 *Suttapitaka, Majjhima-Nikaya, Satipatthana-Sutta*. Deutsche Fassung: Thich Nhat Hanh, *Wie Siddhartha zum Buddha wurde*, Berlin (4) 2001, S. 122.

6 Die buddhistische Philosophie, genauer gesagt, die buddhistischen Philosophien, die sich nach dem Tod des Buddha herausbildeten, sind ungeheuer facettenreich. Einer der größten buddhistischen Gelehrten, Edward G. Conze, hat insgesamt 14 verschiedene philosophische Systeme gezählt, die teilweise widersprüchliche Aussagen machen.

Art Gebrauchsanweisung, also etwas höchst *Praktisches.*

Meine Lehre ist weder Theorie noch Philosophie, sondern einzig Frucht der Erfahrung. Meine Lehre erwächst aus meiner Erfahrung, und du kannst sie an deiner Erfahrung prüfen. Worte können die Wirklichkeit nicht beschreiben. Nur die Erfahrung zeigt uns ihr wahres Gesicht.[7]

Der praktische Weg, den der Buddha uns vorschlägt, ist höchst unspektakulär: Er rät uns, fünf Kräfte zu nutzen, die jeder von uns bereits besitzt, bis dato aber schlicht und einfach nicht anwendet.
Diese fünf Kräfte sind: *die Kontrolle des Geistes, das Gegenwärtigsein in der Wirklichkeit, das Bewusstsein der Unbeständigkeit, die Haltung des Nicht-Anhaftens und die allumfassende Liebe.*
Wir werden in der Folge sehen, inwiefern diese fünf Kräfte die gesamte Lehre des Buddha darstellen und wie wir sie einsetzen können, um selbst zum Buddha zu werden.
Tatsächlich braucht man nur *fünf Wochen*, um diese Fähigkeiten zu verwirklichen.

---

7 *Suttapitaka, Majjhima-Nikaya, Dighanakha-Sutta*. Deutsche Fassung übersetzt nach Giacobbe.

Jede Woche steht eine dieser Kräfte auf dem Stundenplan.

Und so können Sie mit diesem Handbuch arbeiten: Zunächst einmal sollten Sie es ganz lesen, einfach nur, um sich mit dem darin dargestellten Prozess vertraut zu machen.
Dann nehmen Sie sich das Kapitel, in dem es um die Verwirklichung der ersten Kraft geht, erneut vor. Sie lesen es noch einmal ganz durch und machen eine Woche lang die darin empfohlenen Übungen.
In den nächsten vier Wochen verfahren Sie so mit jedem der folgenden Kapitel.
Am Ende der fünften Woche ist Ihre Buddhanatur Wirklichkeit geworden, auch wenn sie gleichsam noch in den Kinderschuhen steckt.
An diesem Punkt sind Sie bereits ein Buddha.[8]

---

8 Was den weiblichen Teil meiner Leserschaft betrifft, so müsste ich natürlich sagen »eine Buddha«, doch das wäre nicht nur klanglich sehr hässlich, sondern auch grammatikalisch völlig falsch, da die korrekte feminine Form des Buddha die »Buddhini« wäre. Was sich allerdings auch nicht besser anhört. Ein wenig wie »Putin«. Daher lasse ich lieber »Buddha« stehen, denn immerhin war ja der Erste, der diese Stufe erreichte, ein Mann. Sie verstehen das doch, nicht wahr, meine Liebe? Wenn ich Sie meine, werde ich künftig den Ausdruck »die Erleuchtete« verwenden, was Ihnen doch sehr viel besser zu Gesicht steht.

In der Folge muss Ihre Buddhanatur nur noch verstärkt und ausgeweitet werden. Wie das geht, erfahren Sie im letzten Kapitel.
Was dieses Buch so nützlich macht, ist nicht nur die Rückkehr zu den ursprünglichen Methoden des Buddha, die häufig in Vergessenheit geraten, sondern vielmehr der Versuch, diese Methoden wissenschaftlich darzustellen, sodass sie wirklich allen zugänglich werden.
Daher gilt mein Dank vor allem Siddhartha Gautama Shakyamuni, der diesen Weg für uns alle offengelegt hat. Und meinem Sohn Yuri, der ihm in der kurzen Zeit seines Lebens folgte und mir so gezeigt hat, wie man ihn geht.[9]

---

9 Mein Sohn Yuri ist im Alter von nur 27 Jahren gestorben, im selben Alter also, in dem der Buddha die Erleuchtung erlangte. Yuri war ein Buddha, eine jener Inkarnationen des Buddha, die man auch *Bodhisattva* nennt und die, buddhistischen Lehren zufolge, immer wieder auf der Erde Gestalt annehmen. Yuri war schon als Kind von tiefer Gelassenheit und strahlte eine unfassbare Liebe aus. In den 27 Jahren, die mir mit ihm vergönnt waren, habe ich ihn nicht einmal wütend erlebt. Nicht einmal hat er etwas Böses über andere Menschen gesagt. Ganz im Gegenteil, er zeigte sich allen gegenüber tolerant und ließ andere auch ohne Worte an seiner allumfassenden Liebe teilhaben: Er brauchte nur zu lächeln oder einen zu berühren. Und jeder fühlte diese Liebe in sich. Wirklich jeder. Was immer man auch tat, er war einem nah und ließ einen seine absolute, an keine Forderung geknüpfte Liebe fühlen. Er starb an einer ganz banalen Grippe. Im Sterben aber hat er noch ein Wun-

der vollbracht: Er hat seinen Vater, einen rechten Sünder, zum Buddha gemacht. Er hat mir seine Buddhanatur übertragen, die ich ohne jedes eigene Verdienst geschenkt bekam. Danach hat sich mein Leben gewandelt. Ich habe die Erleuchtung gesehen. Die Vergänglichkeit alles Lebendigen ist mir in Fleisch und Blut übergegangen. Dies ist die einzige Wirklichkeit, die Realität des Hier und Jetzt. Aus ihr erwächst die absolute Bedeutung der Liebe, der Freude und der Gelassenheit. So habe ich erkannt, dass man sehr wohl zum Buddha werden kann. Meine theoretischen Kenntnisse des Buddhismus haben sich in Wirklichkeit verwandelt. Und so ist dieses Buch entstanden. Ich habe die Lehren des Buddha am eigenen Leib erfahren. Ich habe die Buddhanatur erkannt, die jeder von uns in sich trägt und verwirklichen kann, ohne dass dafür erst sein Kind sterben muss.

Kapitel 1

Was ist ein Buddha?

Was ist denn nun ein Buddha?
Ein Buddha ist weder ein Gott noch ein Heiliger. Man betrachtet ihn nicht einmal als Übermenschen.[10]
Er ist einfach einer von uns.
Ein Mensch wie Sie und ich.
Einer, der das Leiden beseitigt hat.
Aufgepasst: nicht das Leiden der Welt, sondern sein *höchstpersönliches* Leiden.
Er leidet nicht mehr.
Er gerät nicht mehr in Wut.
Er empfindet keinen Hass mehr.
Er kennt keine Eifersucht, keinen Neid, keine Missgunst.
Auch kein Begehren, keine Gier, keinen Egoismus.

---

10 Nicht einmal die buddhistischen Gläubigen betrachten den Buddha als Gottheit. Er gilt im Buddhismus vielmehr als der Mensch, der allen anderen Wesen gezeigt hat, wie sie sich von den Fesseln der Wiedergeburt befreien können.

Und was heißt das nun: Ist er etwa völlig apathisch, gleichgültig, ohne jedes Gefühl geworden?
Nein, hochverehrtes Publikum.
Er hat durchaus Gefühle. Alle Gefühle.
Aber er steigt nicht in sie ein.
Er lässt sich von ihnen nicht zum Sklaven machen.
Er gibt ihnen keine Nahrung.
Wenigstens nicht den negativen Gefühlen.
Wachsen lässt er nur *positive* Gefühle.
Als da sind: *Gelassenheit, innerer Friede, Heiterkeit, Freude, Harmonie, Liebe.*
Auf diese Weise bleibt er innerlich gelassen und lässt die positiven Gefühle gedeihen. Er erfreut sich an ihnen. So werden die negativen Gefühle neutralisiert.
Sein Geist ist immer ruhig und heiter.
Auch sein Körper ist stets entspannt.
Stress und *Anspannung* sind ihm fremd geworden.[11]
Er lebt nur von Freude, Heiterkeit, Harmonie und Liebe.

---

11 Das einzige Problem auf dem Weg zur vollendeten Buddhaschaft ist die Tatsache, dass man dabei leicht dicklich wird. Schließlich hat man keinen Stress mehr. Die Muskeln sind nicht mehr ständig angespannt, was ihren Energieverbrauch herabsetzt. (Es ist kein Zufall, dass der Buddha auf bildlichen Darstellungen immer ein bisschen rundlich wirkt.) Aber wenn Sie erst zum Buddha geworden sind, dann, glauben Sie mir, ist die schlanke Linie Ihnen ohnehin egal.

Was dazu führt, dass auch um ihn herum Freude, Harmonie, Liebe, Heiterkeit und gute Laune herrschen.[12]
Denn er hat die absolute innere Ruhe erlangt.

Ein Buddha ist ein Mensch, der absolute innere Ruhe erlangt hat und sie in jeder Situation zu bewahren weiß.

Aber wie stellt er das nur an?
Nur die Ruhe. Das erfahren Sie noch früh genug.
Genau darum geht es nämlich in diesem Buch.
Dass Sie werden können wie er.
Ein Buddha.
Sie werden sehen, dass dies durchaus möglich ist.
Buddha werden ist nicht schwer.
Man muss sich nur bemühen.
Für den Moment allerdings lassen wir es mit folgen-

---

12 Auch der Sinn für Humor wächst auf dem Weg zur Buddhaschaft. Jeder kennt schließlich das herzliche Lächeln der Tibeter und den unglaublichen Witz der Zenmönche, die aus Entspannung und Gelassenheit geboren werden. Plötzlich erkennt man auch die komischen Seiten des Lebens und kann darüber lachen. Heiterkeit ist ein wichtiger Pfeiler der buddhistischen Lehre, weil sie einen positiven Geisteszustand herstellt. Heißt es nicht auch bei uns, dass Lachen gesund ist? Und innere Ruhe ist die Grundlage der Heiterkeit. Selbst Dracula gab den hübschen Mädels immer den Rat, sie sollten doch ruhig Blut bewahren, ehe er sie in den Hals biss.

der Aussage bewenden: Sie können ein Buddha werden.
Alle können es, und folglich auch Sie.
Denn wie hat der Buddha gesagt:

Jedes Wesen besitzt Buddhanatur.

Jedes Wesen kann zum Buddha werden.
Jedes Wesen kann die Buddhaschaft erlangen. Buddhaschaft ist die Fähigkeit, in jeder Lebenslage innere Ruhe zu bewahren.
Und das soll funktionieren?
Und ob!
Denn, so unglaublich Ihnen dies auch vorkommen mag:

Unsere innere Ruhe hängt nicht von den äußeren Umständen ab, sondern von unserer Reaktion auf diese.

Ein und dieselbe Situation ruft in verschiedenen Menschen die unterschiedlichsten Reaktionen hervor.
Und nicht nur das.
Wir selbst haben in gleichartigen Situationen im Laufe unseres Lebens immer wieder anders reagiert.
Unsere Reaktion auf die Wechselfälle des Lebens

wird nämlich von unserer Lebenserfahrung geprägt, genauer gesagt von unserer Vergangenheit.
Diese Prägung wird in den östlichen Kulturen als *Karma* oder *Gesetz von Ursache und Wirkung* bezeichnet.[13]
Karma bedeutet wörtlich »Tat«.
Dieses Gesetz besagt, dass jede unserer Taten von unserer *Erfahrung* bestimmt wird.
Unsere Gegenwart ist also direkt bedingt durch unsere Vergangenheit.
So können wir unsere Zukunft beeinflussen, wenn wir also auf die Gegenwart einwirken.
Doch ebenso wie unsere Reaktion auf einzelne Situationen von den Erfahrungen der Vergangenheit geprägt ist, so können wir auch mithilfe von *Achtsamkeit* und *Entschlossenheit* den Automatismus unse-

13 Das Gesetz des Karma wurde in der östlichen Kultur schon recht früh entdeckt, schon vor Lebzeiten des Buddha. Schriftlich niedergelegt wurde es beispielsweise in der *Bhagavad Gita*, einem Teil des großen indischen Epos *Mahabharata*, das etwa im 5. Jahrhundert v. Chr. entstanden ist. Auch im wichtigsten Grundlagentext des Yoga, dem *Yoga-Sutra*, das auf die Zeit um das 3. Jahrhundert v. Chr. zurückgeht, wird es erwähnt. In der westlichen Kultur war es erst Sigmund Freud, der den innerseelischen Gesetzmäßigkeiten von Ursache und Wirkung auf die Spur kam (und damit das Rad neu erfand, wie man so schön sagt), als er nämlich unbewusste, in der Vergangenheit erfolgte Prägungen als Ursache von Neurosen erkannte.

rer Reaktionen durchbrechen. Wir können auf positive Art reagieren und gelassen bleiben.
Das ist der Weg, wie wir unsere Zukunft positiv beeinflussen können. Innere Ruhe und Gelassenheit werden uns so zur *spontanen* Haltung.
Dies ist der Weg zur Buddhaschaft.
Denn dies ist eine der Eigenschaften, die man dem Buddha zuschreibt: Er ist nicht mehr von den Taten seiner Vergangenheit abhängig. Er hat seine Konditionierungen durchbrochen.
Wir können also schon heute den Grundstein für unsere innere Ruhe legen.
Jetzt schon können wir an unserer Buddha-Persönlichkeit arbeiten.
Natürlich erfordert dies einige Übung.
Aber was kann man denn schon auf Anhieb?
Konnten Sie auf Anhieb Skifahren, Maschineschreiben, Autofahren oder mit dem Computer umgehen? Ohne Übung, meine ich?
Alles erfordert Übung.
Und wenn wir uns im Skifahren, Maschineschreiben, Autofahren oder Computer benutzen üben können, warum sollten wir uns dann nicht auch darin üben, ein Buddha zu werden?
Schließlich ist das noch viel lohnender, winkt uns doch vollkommene innere Ruhe als Lohn.

Buddha selbst hat gesagt, dass wir uns »anstrengen« müssen, denn er sprach von »rechter Anstrengung«. Doch diese ist nur am Anfang erforderlich.
Denn Zeit und Gewohnheit bewirken, dass uns diese Haltung zur wahren Natur wird.
Erst dann sind Sie ein echter Buddha geworden.
Entscheidend ist, dass Sie Ihre negativen Reaktionen abstellen und die positiven kultivieren.
Entscheidend ist, dass Sie den Prozess in Gang setzen, der Sie am Ende zum Buddha macht.
Mit der Zeit werden Sie sich dann auch als Buddha noch vervollkommnen.
Es ist nur eine Frage der Zeit und des Eifers.
Letztlich brauchen Sie dazu nur eines: *Beständigkeit.*
Wenn es Ihnen nun gerade daran fehlen sollte, dann gibt es da einen Trick:

Machen Sie das Erreichen der Buddhaschaft zum Mittelpunkt Ihres Lebens.

Wenn Sie dies tun, wird Ihre Beständigkeit aufblühen wie eine Blume. Sie wird stärker und stärker wie ein Tornado. Fest gegründet wie ein Berg.
Wenn Sie das Erreichen der Buddhaschaft zum Mittelpunkt Ihres Lebens machen, werden Sie spontan und mühelos eine so unerschütterliche Beständig-

keit entwickeln, dass diese Sie sicher zum Erfolg trägt. Hier geht es einzig und allein darum, eine Haltung, die anfangs noch von Willensanstrengung bestimmt ist, zur Gewohnheit werden zu lassen. Denn mit der Zeit wird sie Ihnen immer leichter und leichter fallen, ja sich quasi *von selbst* einstellen.

Der Buddha hat sein Leben mit Heiterkeit, Friede, Harmonie, guter Laune, Freude und Liebe erfüllt.

Und viele andere haben es ihm gleichgetan.

Auch Sie können das schaffen.

Schließlich sind diese positiven Gefühle nichts anderes als Zustände unseres Bewusstseins.

Wir aber sind in der Lage, diesen Bewusstseins- oder Geisteszuständen Dauer zu verleihen.

All diese Geisteszustände lassen sich letztlich in einem zusammenfassen: ***innere Ruhe***.

Innere Ruhe und Gelassenheit sind die hervorstechendsten Eigenschaften eines Buddha. Sie können von nun an auch die Ihren werden, wenn Sie die Anweisungen dieses Buches befolgen.

Es ist also nicht nötig, dass Sie sich die Haare scheren lassen, ein orangefarbenes Gewand überziehen und sich in ein Kloster auf 4000 Meter Höhe im Himalaya zurückziehen.

Natürlich kann dies auch sehr nützlich sein. So wie ein hübscher Urlaub in den Alpen.

Denn also sprach der Dalai Lama: »Der Buddha ist in uns, ganz egal, was wir tun und wohin wir gehen.«[14]

Dies wiederum bedeutet, dass Sie die Buddhaschaft verwirklichen können – ganz egal, wo Sie sich heute befinden und unter welchen Umständen Sie leben.

Es ist weder unmöglich noch allzu schwierig.

Denn innere Ruhe ist ein Geisteszustand, und Ihre Geisteszustände sind einzig und allein Ihre Sache.

Sie sind der Einzige, der dafür Verantwortung trägt.

Schließlich tragen Sie Ihre innere Ruhe bereits in sich: als *Möglichkeit*.

Sie sind also durchaus fähig, sie Wirklichkeit werden zu lassen.

Sie müssen nur lernen, wie das praktisch geht.

Und genau das werde ich Ihnen in diesem kleinen Handbuch erklären.

Zerbrechen Sie sich deswegen jetzt nicht den Kopf.

Im Augenblick zählt nur eines: Auch Sie können zum Buddha werden.

Es gibt nämlich durchaus Buddhas unter uns.

Sehr viel mehr, als Sie sich im Moment träumen lassen.

---

14 Ich weiß leider nicht mehr, bei welcher Gelegenheit er das sagte, aber beim Bauche des Buddha, irgendwo muss er es ja wohl gesagt haben.

Fischer an einem kleinen Strand.
Kleine, gedrungene Boote schaukeln in einer Reihe am Meeresufer und lassen ihre breiten, farbigen Flanken vom trägen Schwappen der Wellen liebkosen.
Alte Männer ziehen prall gefüllte, zappelnde Netze aus den Booten. Hin und wieder fliegt ein Wort zwischen ihnen hin und her. Sie reden von Dingen, die nur sie verstehen: von Fischen, vom Meer und von den Frauen.
Die Finger der Frauen hingegen tauchen emsig ein in die Schlingen der Häkelspitze. Ihr Redestrom fließt ohne Pause. Laut und erregt flattern die Stimmen auf, um am Ende wieder zurückzusinken ins leise Wispern der Geheimnisse. Und mittendrin die schnellen Salven des Gelächters, das sich laut wie Peitschenknallen in den Abend bohrt.
Zwischen den Booten flitzen Kinder umher und feuern sich mit gellenden Rufen an. Einige sind vollkommen nackt.
Katzen liegen langgestreckt auf den Felsen und lassen trotz der halb gesenkten Lider die mit Fisch gefüllten Netze nicht aus den Augen.
Der Himmel über dem Strand ist voller Möwen, die mit scharfem Blick das Innere der Boote absuchen,

während ihr lautes Schreien die reine, lichte Luft des Morgens erfüllt.

Der Mann ist noch jung, höchstens 26.
Wo sein dunkelblondes Haar die Strahlen der Sonne auffängt, nimmt es ein helles Platinblond an. In den graublauen Augen spiegelt sich die strahlende Tiefe des Himmelszelts.
Ein zart angedeutetes Lächeln wölbt seine Mundwinkel ein wenig nach oben, und aus dieser Wölbung sprechen Friede, Freude, Harmonie, Toleranz, Verständnis und Liebe.
Als umfingen seine Augen, sein Lächeln dieses kleine Stück Erde in zärtlicher Umarmung: Strand, Boote, Netze, Alte, Frauen, Kinder, Katzen und Möwen.
Der Strom der Zeit in seinem tiefen Bett verrinnt unaufhaltsam, doch den jungen Mann ficht das nicht an. Er ist überall: an den Ufern, den Abgründen, an jedem Strand der Welt, in jedem Stein, in jedem Strauch.
Er ist in jedem Punkt des gewaltigen Lebensstroms, der das Universum erfüllt.
Und dieses winzige Stück Erde wird zum gesamten Kosmos, in dem alles seinen Platz hat: Boote, Netze, Alte, Frauen, Kinder, Katzen, Möwen. Sie stehen für alle lebenden Wesen. Für Männer, Frauen, Tiere,

Pflanzen und für alle Dinge, für Steine, Wolken und Sterne. Für all das, was das Universum in den Strom der Zeit geschüttet hat, wo die Gischt es verschlang, erst heiß und schäumend, dann kalt und erstarrend. Der junge Mann sieht zu und lächelt.
Sein Blick und sein Lächeln sind älter als die Boote, die Netze, die Alten, die Frauen, die Männer, die Kinder, die Katzen und Möwen.
In diesem Blick, diesem Lächeln wohnt die Stille des Friedens, der Freude, der Harmonie, der Toleranz, des Verstehens. Der allumfassenden Liebe.

Kapitel 2

Wer war der Buddha?

Siddhartha Gautama Shakyamuni, den man heute den »Buddha« (den Erwachten) nennt, ist eine historische Persönlichkeit.

Er wurde 563 v. Chr. in Kapilavatthu geboren, der Hauptstadt des Shakyareiches, über das sein Vater Suddhodana herrschte. Dieses Reich befand sich etwa dort, wo heute Nepal liegt, also in der Himalayaregion.

Der Überlieferung zufolge starb seine Mutter Mahamaya, die ihm den Namen *Siddhartha* gab, acht Tage nach seiner Geburt.[15] Und so wurde der junge Prinz

15 Wie bei allen großen Zeitgenossen spinnt der Volksglaube um die Geburt des Buddha zahllose Mythen, deren Ausgang mitunter für feuchte Augen sorgt: »Es heißt, dass die noch jungfräuliche Mutter (*es scheint das Schicksal aller Mütter von berühmten Söhnen zu sein, dass man ihnen trotz offenkundiger Schwangerschaft einen Jungferngürtel verpasst*) 32 Monate nach der Eheschließung, die sie in völliger Reinheit verbracht hatte (*wozu hat sie dann überhaupt erst geheiratet?*), in einem Traum einen Elefanten sah, der in ihre Seite eintrat. Zehn Monate später (*man weiß ja, dass sich die Tragezeit bei Elefanten ein klein wenig länger hinzieht als beim*

von ihrer Schwester Pajapati Gotami aufgezogen. Sie war die zweite Gemahlin des Königs geworden. Von ihr hat der Buddha seinen zweiten Namen.
Der dritte Name des Buddha leitet sich von seiner Sippe, dem Shakya-Klan, ab.
Die Legende berichtet, dass dem Vater des Buddha, Suddhodana, vorausgesagt worden sei, sein erstgeborener Sohn (eben Siddhartha) würde das Reich im Stich lassen und auf die Thronfolge verzichten.
Was der König natürlich als großes Unglück ansah, das er verhindern wollte. Daher hielt er seinen Sohn im Königspalast fest und verbot ihm jeglichen Kontakt zur Außenwelt.[16]
Siddhartha verlebte eine unbeschwerte Kindheit.
Als er das zwanzigste Lebensjahr erreichte, verheiratete man ihn mit seiner Cousine, Prinzessin Yasodhara aus dem Koliya-Reich, der Tochter von König Dandapani und Königin Pamita, Suddhodanas Schwester.

Menschen) gebar sie aus ihrer Seite einen Jungen (*etwa eine Bauchhöhlenschwangerschaft?*), während sie sich stehend an den Zweigen eines Feigenbaumes festhielt (*bekanntermaßen ein unsicherer Halt*).« Aus: *I grandi di tutti i tempi. Buddha*, Mailand 1976, S. 14.

16 Siddhartha hatte einen Bruder, aber in Indien galten die zweitgeborenen Söhne offenkundig nicht besonders viel. Ganz wie im Abendland, wo sie die Kreuzzüge erfinden mussten, um wenigstens eine Beschäftigung zu haben.

Kurz nach der Geburt seines Sohnes Rahula entdeckte er auf einer Ausfahrt all das Leid in der äußeren Welt, das ihm bis dato verborgen geblieben war. Da verließ Siddhartha Familie und Reich, verzichtete auf den Königsthron und machte sich auf die Suche nach dem Pfad zur endgültigen Befreiung.[17]

Fünf Jahre lang zog er durch das Shakyareich und suchte nach einem Meister. Zu jener Zeit praktizierte er die traditionelle Form der indischen Askese, den Pfad des Yoga.

Zuerst wurde er Schüler des Asketen Alara Kalama. Dann suchte er den Meister Uddaka Ramaputta auf. Unter dessen Anleitung erfuhr er immer tiefere Stadien einer *Trance*, in der das Leid transzendiert wird. Bald allerdings wurde ihm klar, dass die Leidfreiheit in den Lehrsystemen dieser beiden Meister sich einzig auf die Momente der Trance beschränkte. Das Leid war damit also nicht wirklich überwunden.

So beschloss er, seinen Körper den schlimmsten Kasteiungen zu unterwerfen. Doch am Ende musste er feststellen, dass auch diese nicht zur endgültigen Befreiung vom Leid führten.[18]

---

17 Wie alle großen Männer (sowie alle Erwachsenen im Allgemeinen) verhielt er sich also wie ein echtes Charakterschwein. Aber vielleicht hat er das ja auch nur getan, um zu beweisen, dass man Prophezeiungen nicht auf die leichte Schulter nehmen sollte.

Also widmete er sich künftig einer äußerst genauen Selbstbeobachtung. Er beobachtete seine Empfindungen, seine Gefühle, seine Gedanken sowie die Art und Weise, in der die Erscheinungen der Welt in seinem Bewusstsein auftauchten.[19]
Und er sah, dass all diese Phänomene in einem steten Strom im Bewusstsein auftauchen, um dann wieder zu verschwinden. Auf diese Weise erkannte Siddhartha, dass die wahre Natur der Wirklichkeit der *stete Wandel* ist.[20]
Dies war die erste Erkenntnis des künftigen Buddha. Die zweite bestand darin, dass nichts für sich existiert. Alle Erscheinungen sind in einer Art universeller Vernetzung miteinander verknüpft und bedingen sich wechselseitig.[21]
So saß Siddhartha unter einem Pippalabaum in ei-

---

18 Wenn man Darstellungen des Buddha sieht, auf denen er abgemagert und verhärmt erscheint, beziehen diese sich meist auf sein Asketenleben. Wie man sieht, war das Leid (die Magerkeit) des Buddha nur von kurzer Dauer. In seiner Vollendung war dafür kein Raum mehr. Der Buddha steht nicht für das Leiden, denn das Ziel seiner Lehre ist der Sieg über das Leid. Die wahre Natur des Buddha ist Freude und Glückseligkeit.

19 Wie man sieht, hat er die Psychoanalyse erfunden.

20 Damit wären wir bei Heraklits Satz, dem zufolge »alles fließt«. Auch Heraklit hat also das Rad neu erfunden.

21 Die westlichen Physiker haben dieses Phänomen erst vor Kurzem entdeckt und es »Schmetterlingseffekt« genannt. Natürlich haben auch sie damit das Rad ganz von Neuem erfunden.

nem Wald in der Nähe des Dorfes Uruvela und vertiefte seine Erkenntnis der wahren Natur der Wirklichkeit.[22]

Zwei Halbwüchsige brachten ihm zu essen: Svasti, ein Waisenjunge, der die Büffel des nahe liegenden Dorfes hütete, und Sujata, die Tochter des Dorfvorstehers.[23]

Eines Tages, nachdem Svasti ihn verlassen hatte, um die Büffel ins Dorf zu treiben, stellte sich bei Siddhartha das Gefühl ein, dass er noch in dieser Nacht das große Erwachen erfahren würde.

Denn sein Bewusstsein, sein Geist, sein Körper und sein Atem harmonierten vollkommen miteinander.

---

22 Was zum Teufel ist ein Pippalabaum? Um der in meinem Buch *Wie Sie Ihre Hirnwichserei abstellen und stattdessen das Leben genießen* ins Leben gerufenen Tradition treu zu bleiben, sei auch hier ein Wettbewerb für meine Leser ausgelobt: Den Siegern winkt ein Blitzkurs zum Thema »Wie Sie die Erleuchtung erlangen« auf meiner Yacht im Alten Hafen von Genua. Ich bitte um zahlreiche, vor allem weibliche Beteiligung. Frauen verdienen wirklich die Erleuchtung.

23 Diese Art von Broterwerb ist die einzige Verhaltensweise des Buddha (der in seinem ganzen Leben nicht einen einzigen Tag gearbeitet hat), die ich Ihnen nicht zur Nachahmung empfehlen möchte. Nicht dass es etwa schlecht wäre, vom Betteln zu leben. Doch an diesem Punkt ist der Pfad einfach zu *östlich* geprägt, was bedeutet, dass er zu Trägheit und Passivität verführt. Ich möchte Ihnen einen *westlich* geprägten Zugang zum Buddhismus nahebringen, ein *aktives* Leben, in dem Sie etwas schaffen, kreativ sein, ja sogar in Wettbewerb treten können. Aber ohne Stress. Was bedeutet, dass Sie auch effizienter sein werden.

Die Übung der geistigen Präsenz oder Achtsamkeit hatte ihm ein ganz außerordentliches Konzentrationsvermögen beschert, das er nun gebrauchte, um Körper und Geist mit Bewusstheit zu erfüllen.
Unerschütterlich übte sich Siddhartha darin, sich den eigenen Geist bewusst zu machen.
Und er sah, dass die Lebewesen nur deshalb dem Leiden ausgesetzt sind, weil sie nicht verstehen, dass sie alle von gleicher Natur sind. Ihre Unwissenheit zieht eine Unmenge von Leid, Verwirrung und Problemen nach sich. Gier, Zorn, Stolz, Zweifel, Neid und Angst haben ihre Wurzeln in dieser Unwissenheit.
Siddhartha lernte, den Geist ruhig werden zu lassen, um tiefer in das wahre Herz der Dinge zu blicken. So erlangte er ein umfassendes Verständnis, in dem sich Angst und Schmerz auflösten und Liebe und Toleranz Platz machten.
Er sah, dass Liebe und Toleranz letztlich eins sind: Wer den anderen nicht versteht, kann ihn nicht wertschätzen. Ohne Liebe und Wertschätzung aber gibt es kein rechtes Handeln.
Er sah, dass es nötig ist, in vollkommener Achtsamkeit zu leben, wenn man dieses umfassende Verständnis erlangen will, und in direktem Kontakt mit dem Augenblick zu sein, sodass man sich jederzeit bewusst ist, was innen und außen geschieht.

Achtsamkeit und Bewusstheit führen zur letztendlichen Befreiung vom Leid.
Plötzlich wusste Siddhartha, dass er den Großen Pfad entdeckt hatte.
Der Große Pfad ist kein intellektueller Weg, sondern basiert einzig und allein auf Erfahrung. Es ist kein theoretischer, sondern ein praktischer Weg.
Sujata, die ihm am nächsten Tag zu essen brachte, sah sich einem strahlenden Siddhartha gegenüber. Wie oft hatte sie ihn schon voller Majestät und Würde unter dem Pippalabaum sitzen sehen, doch heute war etwas anders.
Während sie ihn ansah, spürte Sujata, wie alle Sorgen und aller Kummer von ihr abfielen.
Ein Glücksgefühl stieg in ihr auf wie ein frischer Frühlingswind, der sich über die Ebene erhebt.
Sie spürte deutlich, dass sie nichts anderes mehr wollte als das, was sie war. Dass das Universum gut und schön war. Und dass niemand mehr in Angst und Verzweiflung leben musste.
Sie tat einige Schritte und stellte die mitgebrachte Nahrung vor Siddhartha hin.
Dann verneigte sie sich, weil der innere Friede und die Freude, die Siddhartha ausstrahlte, auch auf sie übergingen.
»Setz dich neben mich«, lud Siddhartha sie lächelnd

ein. »Ich danke dir für die Nahrung und das Wasser, die du mir all die Monate über gebracht hast. Heute ist der glücklichste Tag meines Lebens. Heute Nacht habe ich den Großen Pfad gefunden. Teil mein Glück mit mir. Bald werde ich allen diesen Weg weisen.«
Sujata legte die Hände aneinander und bat um die Erlaubnis zu sprechen:
»Du bist der Erwachte. Der, der uns zeigen wird, wie man in Bewusstheit lebt. Dürfen wir dich den Erwachten nennen?«
Siddhartha nickte.
»Ja, das würde mich freuen.«
Sujatas Augen strahlten.
»In der Magadhi-Sprache«, fuhr sie fort, »benutzen wir das Wort ›budh‹ für ›erwachen‹. Ein Erwachter wäre folglich ein ›Buddha‹. Darf ich dich also *Buddha* nennen?«
Wieder antwortete Siddhartha mit einem Nicken.
Zu jener Zeit war er gerade 27 Jahre alt.
Sein ganzes weiteres Leben widmete der Buddha der Aufgabe, seine Erkenntnis immer weiter zu vertiefen, um seinen Mitmenschen zur Erleuchtung und zur Befreiung vom Leid zu verhelfen.
Er zog kreuz und quer durch das Shakyareich, das Koliyareich, das Mallareich, das Kosalareich, das Licchavireich, das Angareich, das Magadha-, das Kasi-

und Vatsareich. Tausende von Menschen schlossen sich seiner Lehre an und gründeten buddhistische Gemeinschaften (*Sangha*), in denen Mönche (*Bhikkhu*) lebten. Der Buddha aber legte seine Lehre (den *Dharma*) in einer Reihe von Lehrreden (*Sutren*) dar.
In einem Akt allumfassender Liebe erlaubte er dann seiner Stiefmutter Pajapati, die mit ihrem Dasein als Königin offensichtlich nicht glücklich war, einen weiblichen Sangha zu gründen, zu dessen Leiterin er Pajapati einsetzte.
Als er 72 Jahre alt war, verkündete der Buddha selbst im Jahr 491 v. Chr., dass er in drei Monaten seinen Körper verlassen würde. Zu jener Zeit hatte er die Spaltung des Sangha durch seinen Cousin Devadatta erlebt. Er hatte zwei Attentate auf sein Leben überstanden (beim zweiten war er verletzt worden) und sich von einer schweren Krankheit gerade erholt. Er würde in einem Wald bei Kusinara sterben, einem Dorf im Mallareich, das direkt an das Shakyareich grenzte.[24]
Und so geschah es. Sechs Tage und Nächte lang brachten die Bhikkhus sowie die Einwohner von Ku-

24 Dass sie den eigenen Tod vorhersagen können, scheint ein typisches Merkmal von Erleuchteten zu sein. Wobei natürlich nicht ausgeschlossen ist, dass einige nur sterben, um Recht zu behalten.

sinara und der nahebei liegenden Stadt Pava dem Leichnam Opferungen in Form von Blumen, Weihrauch, Musik und Tanz dar. Dann hüllte man den toten Körper in Tücher und brachte ihn auf einer Bahre nach Pava. Dort legte man ihn auf einen hohen Stapel aromatischer Hölzer und verbrannte ihn in Anwesenheit zahlreicher Menschen.
Seine Asche wurde in acht Teile geteilt, die man in so genannten *Stupas* (kleinen Denkmälern) bestattete: in Kusinara und Pava im Mallareich, in Kapilavatthu im Shakyareich, in Rajagaha im Magadhareich, in Vesali im Licchavireich, in Allakappa im Bulireich, in Ramagama im Koliyareich und in Vethadipa im Vethareich.[25]

---

25 Diese Kurzbiografie folgt der längeren von Thich Nhat Hanh, *Wie Siddhartha zum Buddha wurde*, Berlin (4) 2001.

Kapitel 3

Die ursprünglichen Lehren des Buddha

Aus der Unmenge buddhistischer Literatur noch die ursprünglichen Lehren des Buddha herauszudestillieren ist kein leichtes Unterfangen.[26]

Es gibt drei kanonische Ausgaben der buddhistischen Schriften, die einfach nach der Sprache unterschieden werden, in der sie überliefert sind: den Pali-Kanon sowie den Chinesischen und den Tibetischen Kanon.

Der Pali-Kanon ist von allen buddhistischen Schrif-

26 »Die Menge buddhistischer Schriften ist wirklich beeindruckend. Es handelt sich sicher um mehrere zehntausend Seiten. Allein der Pali-Kanon, der nur für eine einzige Schule relevant ist, füllt in der einzig vollständigen siamesischen Ausgabe 45 dicke Bände – ohne Kommentare. Der Chinesische und der Tibetische Kanon andererseits umfassen die Werke aller Schulen, die es je in China bzw. Tibet gab. In der jüngsten japanischen Ausgabe umfasst der Chinesische Kanon mehr als 100 Werke mit jeweils 1000 klein bedruckten Seiten. Der Tibetische Kanon seinerseits besteht aus 325 Bänden.« Aus: Conze, Edward, *Buddhist Scriptures*, 1959; hier übertragen nach Seite 7 der italienischen Übersetzung, die 1973 in Rom erschienen ist.

ten der älteste und sollte deshalb die zuverlässigsten Hinweise geben.[27]
Doch auch der Pali-Kanon wurde erst lange Zeit nach dem Tode Siddharthas niedergelegt: mehr als 200 Jahre später.[28]
Es ist also nicht unwahrscheinlich, dass die Reden, die man dem Buddha zuschreibt, auch im Pali-Kanon bereits überarbeitet wurden. Manche könnten sogar erfunden sein.
Diese Reden wurden im *Suttapitaka* gesammelt, einem der drei Teile des Pali-Kanon, den man deshalb auch *Tipitaka* (also »Dreikorb«) nennt.[29]
Die drei kanonischen Ausgaben unterscheiden sich voneinander und schreiben dem Buddha ganz unterschiedliche Aussagen zu.
Zwei Lehrreden allerdings werden in allen drei Aus-

---

27 Pali war die gesprochene Sprache in der Region, in der Buddha lebte, gleichsam die volkstümliche Version der Gelehrtensprache Sanskrit. Es ist folglich anzunehmen, dass der Buddha diese Sprache tatsächlich gesprochen hat. Da dieser Kanon von allen Schulen anerkannt ist, habe ich die Sutra-Zitate aus ihm entnommen.

28 Genauer gesagt zwischen dem zweiten und dritten buddhistischen Konzil. Das zweite Konzil fand 340 v. Chr. in Vesali statt, das dritte 246 v. Chr. in Pataliputta.

29 Die anderen beiden sind der *Vinayapitaka*, der die Mönchsregeln umfasst, sowie der *Abhidhammapitaka*, der die psychologischen Grundlagen der Lehre enthält

gaben in gleichem Wortlaut wiedergegeben. Dabei geht es um die ***Vier Edlen Wahrheiten*** und den ***Edlen Achtfachen Pfad***.

Die Vier Edlen Wahrheiten

Der vollkommen Erwachte, ihr Brüder, hat im Wildpark das höchste Reich der Wahrheit gelehrt: das Offenbarmachen der vier heiligen Wahrheiten. Welcher vier?

Der Wahrheit vom Leiden, der Wahrheit von der Ursache des Leidens, der Wahrheit von der Leidensauflösung und der Wahrheit von dem zur Leidensauflösung führenden Pfade.

Was ist aber, Brüder, die Wahrheit vom Leiden?

Geburt ist Leiden. Alter ist Leiden. Sterben ist Leiden. Kummer, Zorn, Neid, Furcht, Angst, Schmerz und Verzweiflung sind Leiden.

Was man begehrt, nicht zu erlangen, ist Leiden.

Was man nicht mag, erdulden zu müssen, ist Leiden.

Das Begehren ist Leiden.

Die Abneigung ist Leiden.

Das ist die erste der Vier Edlen Wahrheiten.

Brüder, die zweite der Vier Edlen Wahrheiten ist die Wahrheit von der Ursache des Leidens.

Die Ursache des Leidens ist das Anhaften.

Das Anhaften seinerseits wird verursacht von der Unwissenheit.

Die Unwissenheit, welche das Anhaften hervorruft, ist die Unwissenheit im Hinblick auf das wahre Wesen der Wirklichkeit, ist die Unwissenheit über die vergängliche Natur der Erscheinungen.

Die Unwissenheit im Hinblick auf die wahre Natur der Erscheinungen führt zur Anhaftung, weil wir für dauerhaft halten, was in Wirklichkeit vergänglich ist.

Die Anhaftung führt zu Kummer, Zorn, Neid, Furcht, Angst, Schmerz und Verzweiflung.

Dies ist die zweite der Vier Edlen Wahrheiten.

Brüder, die dritte der Vier Edlen Wahrheiten ist die Wahrheit von der Auflösung des Leidens.

Das Leiden kann aufgelöst werden, wenn man seine Wurzel auflöst, also die Unwissenheit beseitigt, wodurch die Anhaftung aufhört.

Dies ist die dritte der Vier Edlen Wahrheiten.

Brüder, die vierte der Edlen Wahrheiten ist die vom Pfad, der zur Leidensauflösung führt. Dies ist der Edle Achtfache Pfad.

Dies ist die vierte der Edlen Wahrheiten.[30]

---

30 *Suttapitaka, Majjhima-Nikaya, Saccavibhanga-Sutta.* Deutsche Fassung übersetzt nach Giacobbe unter Rückgriff auf die Übersetzung der mittleren Sammlung durch Karl Eugen Neumann.

Der Edle Achtfache Pfad

Brüder, der Edle Achtfache Pfad des rechten Verstehens, des rechten Denkens, der rechten Rede, des rechten Handelns, des rechten Lebenserwerbs, des rechten Bemühens, der rechten Achtsamkeit und der rechten Konzentration wird auch der rechte Pfad genannt.[31]

Diesem Edlen Achtfachen Pfad bin ich gefolgt, und ich habe Weisheit, Befreiung und Frieden erlangt.

Brüder, warum nenne ich diesen Pfad den rechten Pfad?

Ich nenne ihn deshalb so, weil er dem Leiden weder ausweicht noch es zurückweist; er ermöglicht stattdessen eine unmittelbare Begegnung mit dem Leiden als Mittel, es zu überwinden.

Der Edle Achtfache Pfad ist der Pfad der Bewusstheit, und Achtsamkeit ist seine Grundlage.

Übt ihr euch in Achtsamkeit, könnt ihr Konzentration entwickeln, die euch befähigt, Einsicht und Weisheit zu erlangen.

Dank der rechten Konzentration verwirklicht ihr rechtes

---

31 Die Begriffe, die für die Beschreibung des Achtfachen Pfades verwendet werden, wechseln je nach buddhistischer Schule. Auch in den Übersetzungen in europäische Sprachen werden hier selten einheitliche Begriffe verwendet. Um die Verwirrung nicht noch zu steigern, habe ich mich hier an Thich Nhat Hanh, *Wie Siddhartha zum Buddha wurde* gehalten. Berlin (4) 2001, S. 139.

Verstehen, rechtes Denken, rechte Rede, rechtes Handeln, rechten Lebenserwerb und rechte Bemühung.

Die Einsicht und Weisheit, die sich entwickelt, kann euch von jedwedem Leiden befreien und lässt wahren Frieden und wahre Freude entstehen.[32]

Die Vier Edlen Wahrheiten und der Edle Achtfache Pfad sind das *Herz der ursprünglichen Lehren Buddhas.*
Sagen Sie nicht, dass das für ein so tiefgreifendes System wie den Buddhismus zu wenig ist.
Denn tatsächlich handelt es sich dabei um recht umfassende Regeln für unsere *innere Einstellung* und unser *äußeres Verhalten.*
Und als solche sind sie wirklich mehr als ausreichend. Vor allem, wenn man die einschlägigen Kommentare berücksichtigt, die es in der buddhistischen Literatur zu diesem Thema gibt.
Da also die Vier Edlen Wahrheiten sowie der Edle Achtfache Pfad die Essenz des Buddhismus sind und in ihrer Gesamtheit beschreiben, was wir tun müssen, um die Buddhaschaft zu erlangen, sollten wir genau untersuchen, was diese Regeln letztlich besagen.
Beginnen wir also mit den Vier Edlen Wahrheiten.

---

32 *Suttapitaka, Majjhima-Nikaya, Pasarasi-Sutta.* Deutsche Fassung nach Thich Nhat Hanh, a. a. O., S. 139.

Kapitel 4

Die Vier Edlen Wahrheiten

Bei den Vier Edlen Wahrheiten geht es um das Leiden.
Genauer gesagt: erstens um die Tatsache, dass das Leiden allgegenwärtig ist; zweitens um seine Ursache; drittens um das Mittel zur Auflösung des Leidens und viertens um den Weg dorthin.
Kurz zusammengefasst:

1
Existenz des Leidens
Feststellung seiner Allgegenwärtigkeit.

2
Ursache des Leidens
Die Ursache des Leidens ist die Unwissenheit bezüglich des vergänglichen Wesens der Wirklichkeit.

3

Auflösung des Leidens

Das Mittel zur Leidensauflösung ist die Bewusstheit über das vergängliche Wesen der Wirklichkeit.

4

Der Weg zur Auflösung des Leidens

Der Weg zur Leidensauflösung ist die Übung im Edlen Achtfachen Pfad.

Die Vier Edlen Wahrheiten sind also gewissermaßen die *Grundlage* des Buddhismus.

In ihnen wird festgestellt, dass das Leiden allgegenwärtig ist, dass es auf einer falschen Sicht der Wirklichkeit beruht und durch eine korrekte Sicht der Wirklichkeit aufgelöst werden kann. Dies ist dann möglich, wenn man sich an den Edlen Achtfachen Pfad hält.

Da das Leiden, auf das der Buddha sich bezieht, ein systematisches und dauerhaftes Leiden ist, ist klar, dass es sich um eine *neurotische Form des Leidens* handelt.

Die normale menschliche Persönlichkeit ist also in buddhistischer Sicht eine neurotische Ich-Struktur.[33]

Diese auf den ersten Blick paradoxe Feststellung

lässt sich sowohl praktisch als auch theoretisch untermauern.
In *theoretischer* Hinsicht bezieht sie sich auf eine Persönlichkeitsstruktur, die sich bei der symbolischen Ausdehnung des Ich heranbildet, bei der das *Denken* eine abnorme Ausweitung erfährt.
Da der Mensch sich psychologisch so entwickelt hat, dass das Denken zu seiner wichtigsten Aktivität geworden ist, hat sein *Ich*, also das Bild, das er von sich selbst hat, die natürlichen Grenzen des Körpers hinter sich gelassen.
Unser Ich dehnt sich mittlerweile auf alles Mögliche aus: auf unseren materiellen Besitz, unsere wirtschaftliche Lage, unsere emotionalen Beziehungen (also auch auf andere lebende Wesen), unsere sozialen Rollen, unsere seelischen Zustände, unsere Verhaltensmuster, die Stereotype unserer Kultur.
Anders gesagt: auf rein *symbolische Vorstellungen*.

---

33 »Wir können damit beginnen, den Ursprung aller psychischen Probleme zu analysieren, den Ursprung des neurotischen Geistes. Es ist unsere Tendenz, sich mit Wünschen und Konflikten zu identifizieren, die sich auf die äußere Welt beziehen. Natürlich stellt sich hier sofort die Frage, ob diese Konflikte im Außen wirklich existieren oder ob sie in Wirklichkeit innere Konflikte sind.« Aus: Chögyam Trungpa, *Glimpses of Abhidharma* (1975), übertragen nach der italienischen Übersetzung: *Lineamenti dell'Abhidharma*, Rom 1980, S. 13.

Aus diesem Grund identifizieren wir uns heute nicht mehr nur mit unserem Körper, sondern auch mit unserer Wohnung, unserem Auto, unserem Fernseher, unserem Bankkonto, unseren Eltern und Freunden, unserem Beruf, unserem Prestige, unserer sozialen Rolle.

Die buddhistische Psychologie geht nun davon aus, dass diese Identifikation die Wurzel unserer Neurose, also des allgemein menschlichen Leidens ist.

Diese Identifikation ist als neurotisch einzustufen, weil wir uns in ihrem Verlauf immer weiter von der Wirklichkeit entfernen, also von der natürlichen Einheit unserer Ich-Vorstellung mit dem Körper.

In der Neurose identifiziert das Ich sich mit einem immer umfassenderen System mentaler Symbole, die es aufgrund *sozialer* oder *kultureller* Wertvorstellungen übernimmt, welche von der Wirklichkeit jedoch weit entfernt sind.

Das Leiden entsteht also aus der sich immer weiter ausdehnenden Verletzlichkeit des Ich. Denn die Verletzlichkeit nimmt natürlich zu, je umfangreicher der Fundus jener Symbole wird, mit denen das Ich sich identifiziert.

Auf der *praktischen* Ebene ist die stete Wiederkehr leidvoller Erfahrungen für jedermann offensichtlich.

Heute, wo sich das Ich mit dem Aufkommen der Konsumkultur nicht nur auf Besitz und soziales Prestige stützt, wie dies von jeher der Fall ist, sondern darüber hinaus noch auf die Fähigkeit zum möglichst schrankenlosen Konsum, ist die Lage schlimmer als je zuvor. Die allgemeine Verbreitung von Neurosen und das daraus entstehende Leid sind eine Tatsache, die jedermann unschwer überprüfen kann.[34]

Die Buddhaschaft hingegen ist der natürliche, nicht-neurotische Geisteszustand des Menschen.

Das erklärt auch, weshalb - wie der Buddha selbst sagte - jeder Mensch zum Buddha werden kann: Die Buddhaschaft ist kein außergewöhnlicher, übermenschlicher Seelenzustand, sondern der *natürliche Zustand unseres Geistes*, der nur, weil er so wenig verbreitet ist, fremd wirkt.[35]

---

34 Was uns heute in die Neurose treibt, ist weniger der hektische Lebensrhythmus als vielmehr unsere *geistige Einstellung* dazu: Wir benehmen uns, als hinge unser Glück tatsächlich von unserem Erfolg ab. Dies setzt uns unter Stress, der das Gegenteil von innerer Ruhe darstellt. Glück besteht im Wesentlichen aus Ruhe und Gelassenheit. Folglich ist Ruhe der Gradmesser für Glück, nicht Erfolg. Die Buddhaschaft aber ermöglicht uns Ruhe, ohne dass wir deshalb auf Erfolg verzichten müssen.

Um die Buddhaschaft zu erlangen, genügt es also, dem Edlen Achtfachen Pfad zu folgen.
Den wir uns nun genauer ansehen wollen.

---

35 »Wir sind nicht normal und natürlich. Wir sind absolut anormal, krank, verrückt! Nur dass das keiner merkt, weil wir ja alle so sind. Die Verrücktheit ist so normal, dass es anormal erscheint, nicht verrückt zu sein. Buddha ist anormal.« (Osho Rajneesh, *Tantra, Spirituality and Sex,* 1984). Deutsche Fassung nach der italienischen Ausgabe: *Commenti al Vigyana Bhairava Tantra*, Genua 1992.

Kapitel 5

Das rechte Verstehen

Siddhartha lächelte und sah hinauf zu einem Pippala-Blatt, das sich vor dem blauen Himmel abhob. Sein Stängel bog sich vor und zurück, so als riefe das Blatt nach ihm.

Als er das Blatt eingehend betrachtete, sah er ganz deutlich die Gegenwart der Sonne und der Sterne darin – ohne die Sonne und die Sterne hätte das Blatt nicht existieren können.

Er sah die Erde, die Zeit, den Raum: Alles war in diesem Blatt gegenwärtig.

In Wahrheit existierte in diesem Moment das ganze Universum in diesem einen Blatt.

Die Wirklichkeit des Blattes war ein überwältigendes Wunder.

Die Existenz jeder einzelnen Erscheinung machte das Dasein aller anderen Erscheinungen erst möglich.

Das Eine umfing das Ganze, so wie das Ganze im Einen enthalten war.

Das Blatt und sein Körper waren eins.

Keines von beiden besaß ein eigenständiges, dauerhaftes

Selbst. Beide konnten sie nicht unabhängig vom Rest des Universums existieren.

Als er die wechselseitige Abhängigkeit aller Dinge als wahres Wesen der Wirklichkeit erkannte, sah Siddhartha, dass die Natur der Dinge Leerheit ist: Alle Erscheinungen sind leer von einem eigenständigen, unabhängig existierenden Selbst. Er erkannte, dass der Schlüssel zur Befreiung in diesen beiden Prinzipien liegt: der wechselseitigen Abhängigkeit und dem Nicht-Selbst.

Siddhartha, der den Fluss der Wahrnehmungen betrachtete, erkannte, dass Unbeständigkeit und Nicht-Selbst die grundlegenden Bedingungen des Lebens sind.

Ohne Unbeständigkeit, ohne Leerheit könnte nichts wachsen und sich entwickeln.

Ein Reiskorn, das nicht seinem Wesen nach wandelbar und leer von einem Selbst wäre, könnte niemals zu einer Reispflanze heranwachsen.

Wären Wolken nicht leer von einem Selbst und ihrem Wesen nach unbeständig, so könnten sie sich nicht in Regen verwandeln.

Ohne eine wandelbare, von einem Selbst freie Natur könnte ein Kind niemals erwachsen werden.

Das Leben annehmen bedeutet also, den Wandel und die Freiheit von einem Selbst zu akzeptieren.

Die Ursache des Leidens ist die falsche Vorstellung von einem dauerhaften und eigenständig existierenden Selbst.

Als er dies erkannte, sah Siddhartha, dass es weder Geburt noch Tod gibt, weder Schöpfung noch Zerstörung, weder das eine noch das viele, weder innen noch außen, weder klein noch groß, weder rein noch unrein.

All diese Vorstellungen sind künstliche Unterscheidungen, die allein der Verstand schafft.

Wer aber zur wesensmäßigen Leerheit der Dinge vordringt, lässt die geistigen Schranken hinter sich und befreit sich vom Kreislauf des Leidens. [36]

Wer das rechte Verstehen erlangt hat, wird von der Tradition als »Erleuchteter« bezeichnet.

Was aber ist nun rechtes Verstehen?

Offenkundig geht es dabei um das *Verstehen des wahren Wesens der Wirklichkeit.*

Genauer gesagt geht es dabei um die *Kenntnis* des wahren Wesens der Wirklichkeit.

Denn die Kenntnis der Natur der Wirklichkeit ist das genaue Gegenteil dessen, was Buddha als Wurzel des Leidens bezeichnet: die Unwissenheit.

---

36 Aus dem *Buddhacharita*, III, 22; wörtlich heißt *Buddhacharita* »Der Lebenslauf des Buddha«. Es handelt sich dabei um ein dichterisches Werk, das vermutlich in der ersten Hälfte des 1. Jahrhunderts n. Chr. entstand. Es wird dem Dichter und Philosophen Ashvagosha zugeschrieben.

Brüder, die Ursache des Leidens ist die Unwissenheit. Aufgrund der Unwissenheit sind die Menschen nicht fähig, die Wirklichkeit des Lebens zu erkennen. Sie lassen sich von den Flammen des Begehrens, des Zorns, des Neides, der Angst, des Kummers, der Sorgen und der Verzweiflung umfangen.[37]

Daher könnten wir diesen Teil des Achtfachen Pfades auch als *rechte Erkenntnis* bezeichnen.[38]
Die rechte Erkenntnis besteht also in der korrekten Kenntnis des Wesens der Wirklichkeit, die nicht von der Unwissenheit verdunkelt wird.
Aber was versteht man denn nun unter Wirklichkeit?
Die Tradition legt hier dem Buddha eine recht eindeutige Definition in den Mund:
Wirklichkeit ist *steter Wandel.*

---

37 *Suttapitaka, Samyutta-Nikaya, Dhammacakkapavattana-Sutta*. Deutsche Fassung nach Giacobbe.

38 Tatsächlich wird in der ersten deutschen Übersetzung der Mittleren Sammlung (*Majjhima-Nikaya*) des Pali-Kanons durch Karl Eugen Neumann (1865–1915) der Begriff »rechte Erkenntnis« benutzt, während die neuere Übersetzung von Kay Zumwinkel von »richtiger Ansicht« spricht. Siehe dazu: *Die Reden des Buddha*, übersetzt von Karl Eugen Neumann, Stammbach (4) 1996; und: *Die Reden des Buddha aus der Mittleren Sammlung*, übersetzt von Kay Zumwinkel, Uttenbühl 2001.

Die Wirklichkeit ist in ständiger Veränderung begriffen.

Noch anders gesagt: Das Wesen der Wirklichkeit ist die *Unbeständigkeit.*
Diese Tatsache können wir anhand unserer Erfahrung ganz leicht überprüfen: Die Dinge und Menschen um uns herum verändern sich dauernd. Auch wir selbst verändern uns ununterbrochen.
Die Situationen, auf die wir im Alltag treffen, sind ständig andere.
Unser Körper ist im dauerhaften Wandel begriffen.
Die Inhalte unseres Geistes bleiben nicht eine Sekunde lang gleich.
Die gesamte Welt um uns herum wandelt sich ständig.
Und damit ist die Erkenntnis des Buddha noch keineswegs vollständig erschöpft.
Denn er hat darüber hinaus noch entdeckt, dass die Existenz jeder einzelnen Erscheinung vom Dasein aller anderen Phänomene abhängig ist.

Jede Erscheinung ist von allen anderen Erscheinungen abhängig.

Auch diese Tatsache lässt sich anhand unserer Erfahrungen überprüfen.

Gäbe es auch nur ein Tier auf dieser Welt ohne andere Tiere, die es zur Welt gebracht haben? Ohne jene Tiere, die ihm in der Evolution vorausgegangen sind? Könnten Pflanzen ohne Sonne und Wasser existieren?
Wären unser Planet, unser Sonnensystem ohne den Rest des Universums möglich?
Und wäre Ihr Dasein denkbar ohne das Universum?
Doch natürlich gilt auch die höchst erfreuliche Umkehrung: Das Universum könnte ohne Sie nicht existieren.[39]
Zumindest nicht *dieses* Universum.
Sie sind für die Existenz dieses Universums genauso unabdingbar, wie der Kosmos es für Ihr Dasein ist.
Denn alles steht mit allem in Verbindung.
Nichts kann unabhängig von allem anderen existieren.
Dies ist der wahre Sinn der geheimnisvollen Worte »Nicht-Selbst« oder »frei von einem Selbst«: Nichts kann für sich oder nur aus sich heraus existieren, unabhängig vom ganzen übrigen Universum.

---

39 Genau das sage ich den Depressiven in meinem Bekanntenkreis auch immer. Dann geht es ihnen einen Augenblick lang besser. Doch was ein echter Depressiver ist, der lässt sich nicht ausreden, was sein obsessiver Gedankenstrom ihm immer schon gesagt hat: dass das Universum nur geschaffen wurde, um ihm oder ihr eins auszuwischen.

Nun wissen wir endlich, was diese so viel gerühmte »Erleuchtung« ist: die Erkenntnis, dass die Wirklichkeit aus Erscheinungen besteht, die in stetem Wandel begriffen und so miteinander verbunden sind, dass nichts für sich allein existieren kann.
Die *rechte Erkenntnis* ist also das, was die Erleuchtung ausmacht.

Die berühmte Erleuchtung des Buddha ist nichts anderes als das rechte Verstehen oder die rechte Erkenntnis.

Siddhartha hielt die Entdeckung des wahren Wesens der Wirklichkeit für so wichtig, dass er sie als echte »Erleuchtung« betrachtete, ein Ereignis, das ihn den Beinamen »der Erwachte« akzeptieren ließ.
Wieso eigentlich?
Denn die Erkenntnis der Wahrheit allein kann keinen so hohen Wert besitzen, wissen wir doch, dass der Buddha keineswegs auf philosophische »Erkenntnisse«, sondern auf die Befreiung vom Leid abzielte.
Sein Ziel war praktischer Natur.
Gut, ich habe also verstanden, dass die Wirklichkeit aus Erscheinungen besteht, die unbeständig und miteinander verknüpft sind.

Na und?
Was fange ich nun mit dieser Erkenntnis an?
Was springt dabei konkret für mich heraus?
Zum Beispiel: Wenn alles in stetem Wandel begriffen ist, hat es keinen Sinn, etwas *festhalten* zu wollen.

Wir können nichts festhalten.

Weil es nichts Unwandelbares gibt, das dauerhaft sich selbst gleich bleibt.
Diese Vorstellung ist reine *Illusion*.[40]

---

40 Wenn es aber in der Wirklichkeit nichts Unveränderliches gibt, wieso glauben wir dann, dass die Dinge immer gleich bleiben? Wie stellt unser Gehirn es an, uns so hinters Licht zu führen? Unser Leben ist wie ein Film, ein dynamischer, unumkehrbarer Prozess, doch unser Gedächtnis macht gleichsam nur Momentaufnahmen, statische Bilder von bestimmten Dingen, Augenblicken oder Personen. Diese Momentaufnahmen halten wir für die Wirklichkeit. Sie repräsentieren für uns das, was ist. Dabei werden Menschen und Dinge gleichsam im Standbild konserviert. Sie geben uns jene mentale Sicherheit, die unsere kindliche Persönlichkeit braucht, um sich beschützt zu fühlen. Nur eine Welt frei von Veränderungen befriedigt dieses Sicherheitsbedürfnis. Doch der Glaube an eine solche Welt ist eine reine Illusion, die von der Erkenntnis der dynamischen Wirklichkeit der Dinge, wie sie der Buddha feststellte, aufgehoben wird. Unser Problem ist es also, die Wirklichkeit in ihrem ständigen Wandel zu akzeptieren und auf die scheinbare Sicherheit des Unwandelbaren zu verzichten. Unser Problem ist es, weil eine kindliche Persönlichkeit dazu nicht fähig ist. Wollen wir die wahre Natur der Wirklichkeit akzeptieren (was der Buddhismus uns nahelegt), müssen wir unsere Identifikation mit dem Kind in uns ablegen und erwachsen werden. Ein Erwachsener genügt

Es ist also sinnvoll, eine Haltung des *Nicht-Anhaftens* oder Loslassens zu entwickeln, einmal um Einsicht zu gewinnen in die wahre Natur der Dinge und um unsere geistige Gesundheit zu wahren.
Diese Haltung des *Loslassens* ist die psychologische Umsetzung der rechten Erkenntnis, die letztlich zur Befreiung vom Leid führt.

Loslassen führt zur Befreiung vom Leid.

Wenn wir an nichts mehr haften, dann lösen sich all unsere Sorgen, Probleme und Ängste, unser gesamtes psychisches Leiden, in Nichts auf.
Denn das Leiden entsteht einzig und allein aus dem Anhaften an einer Situation, die anders ist als jene, mit der wir konfrontiert sind. Aus dem Wunsch, etwas möge anders sein als das, was wir haben. Oder aus der Abneigung gegen etwas, was man hat.
Im Buddhismus heißt es: *Leid entsteht entweder aus der Trennung von Gewünschtem oder aus der Einheit mit Unerwünschtem.*

---

sich selbst. Er muss sich nicht an unwandelbare äußere Sicherheiten klammern. Daher ist der Buddhismus ein System, das psychisches Wachstum voraussetzt, den Übergang von der kindlichen zur erwachsenen Persönlichkeit. Er fördert eine natürliche psychische Entwicklung. Mehr dazu in meinem Buch *Alla ricerca delle coccole perdute*, a. a. O.

Wer loslassen kann, hat die Aufgabe erfüllt, die der Buddha sich stellte: die Befreiung vom Leid.
Noch einmal zusammengefasst:

Die rechte Erkenntnis (Erleuchtung) ist das Wissen, dass Dinge und Menschen sich ständig verändern und nicht unabhängig voneinander existieren können, woraus eine innere Haltung des Loslassens entsteht.

Diese eine Regel des Nicht-Anhaftens würde also bereits genügen, um den Buddhismus, wie Buddha ihn gelehrt hat, für uns zu nutzen und unser Dasein von seelischem Leid zu befreien.
Diese Regel bezieht sich auf die Psyche, weil sie auf eine *geistige Haltung* abzielt: Man sieht die Wirklichkeit, wie sie ist.
Doch der Buddha war ein ausgezeichneter Psychologe, daher war ihm klar, dass es für einen normalen Menschen nicht leicht sein würde, das Bewusstsein der Wandelbarkeit der Wirklichkeit aufrechtzuerhalten und sich dementsprechend zu verhalten.
Ein gewöhnlicher Mensch braucht konkrete Anweisungen, wie er sich verhalten soll, um dieses Bewusstsein stets bewahren zu können.
Und daher lehrte der Buddha die anderen sieben Glieder des Edlen Achtfachen Pfades.

Kapitel 6

Das rechte Denken

Brüder, übt euch im rechten Denken.

Rechtes Denken heißt, dass weder Verwirrung noch Ablenkung, weder Zorn noch Hass, weder Begehren noch Lust eure Gedanken stören.[41]

Brüder, das rechte Denken ist ein Denken der allumfassenden Liebe.[42]

Was also ist, dem Buddha zufolge, rechtes Denken?
Offenkundig ein Denken, das nicht zu leidhaften Erfahrungen führt.
Was aber sind leidhafte Erfahrungen des Denkens?
Auch dies fasst der Buddha sehr treffend zusammen: *Verwirrung, Ablenkung, Zorn, Hass, Begehren und Lust.*
Diese Geisteszustände gilt es zu beseitigen.

---

41 *Vinayapitaka, Vibhanga-Sutta.* Deutsche Fassung nach Giacobbe.
42 *Suttapitaka, Majjhima-Nikaya, Piyajatika-Sutta.* Deutsche Fassung nach Giacobbe.

Aber wie?

Brüder, Verwirrung und Ablenkung, Zorn und Hass, Begehren und Lust werden überwunden, indem ihr euch in den Vier Betrachtungen übt.

Um Verwirrung und Ablenkung hinter euch zu lassen, übt euch in der Betrachtung des Atems. Auf diese Weise wird euer Geist klar und eure Konzentration stark.

Um Hass und Zorn zu überwinden, übt euch in der Betrachtung des Mitgefühls. Sie wird euch die Ursachen für Zorn und Hass enthüllen, die in eurem Geist und in dem jener Menschen gegenwärtig sind, die diese Gefühle in euch hervorrufen.

Um das Begehren zu überwinden, übt euch in der Betrachtung der Vergänglichkeit. Sie wird euch das Werden und Vergehen aller Erscheinungen erkennen lassen.

Um die Lust zu überwinden, übt euch in der Betrachtung des Todes: Sie enthüllt euch, wie alle Erscheinungen letztlich dem Untergang geweiht sind.[43]

Verwirrung, Ablenkung, Zorn, Hass, Begehren und Lust sind ganz offensichtlich negative Formen des Denkens.
Doch negatives Denken aufzugeben ist nicht genug.

---

43 *Vinayapitaka, Vibhanga-Sutta*. Deutsche Fassung nach Giacobbe.

Zugleich muss auch das positive Denken geschult werden.
Und was ist nun das »positive Denken«?

Liebende Güte, Mitgefühl, Mitfreude und Gleichmut sind wunderbare und tiefgründige Geisteszustände.

Ich nenne sie die vier unermesslichen Tugenden.

Wer sich in diesen Tugenden übt, wird zur Quelle des Glücks und der Lebensfreude für alle Wesen.[44]

Zusammengefasst: Die allumfassende Liebe ist das positive Denken.
Rechtes Denken üben wir also, wenn wir systematisch negative Gedanken aufgeben und positive Gedanken fördern.

Rechtes Denken heißt: negatives Denken aufgeben und positiv denken üben.

---

44 *Suttapitaka, Majjhima-Nikaya, Cularahulovada-Sutta*. Deutsche Fassung nach Giacobbe.

Kapitel 7

Rechte Rede, rechtes Handeln, rechter Lebenserwerb

Wer sich in rechter Rede, rechtem Handeln und rechtem Lebenserwerb übt, fügt keinem lebenden Wesen Schaden zu, weder sich selbst noch anderen, weder in Gedanken noch in Worten oder Taten.[45]

Wie man sieht, handelt es sich bei der rechten Rede, dem rechten Handeln und dem rechten Lebenserwerb eher um *ethische Regeln* als um psychologische Maßnahmen.
Sie werden näher ausgeführt in den *Fünf Regeln der Lebensführung* nach buddhistischer Tradition.

Meine Schüler sollen sich darum bemühen, einfach und voller Achtsamkeit zu leben sowie die Fünf Regeln zu beachten: Nicht töten. Nicht stehlen. Anderen Wesen nicht scha-

---

45 *Vinayapitaka, Mahavagga-Sutta*. Deutsche Fassung nach Giacobbe.

den. Stets die Wahrheit sprechen. Keine Substanzen zu sich nehmen, die den Geist verwirren.[46]

Die Fünf Regeln der Lebensführung versetzen uns in die Lage, kein neues Leid entstehen zu lassen, doch sie allein können uns nicht vom neurotischen Leiden heilen, sobald dieses sich einmal festgesetzt hat.
Da wir uns auf die Verwirklichung der Buddhaschaft konzentrieren wollen, haben sie für uns nur sekundäre Bedeutung.
Mit einer wichtigen Ausnahme: dem »rechten Lebenserwerb«.
Darunter versteht man nichts anderes als den *Beruf*, den man ausübt, um seinen Lebensunterhalt zu verdienen.[47]
Selbst wenn nicht alle Praktizierenden gleich Mönche und Nonnen sein müssen, so geht die buddhistische Tradition doch davon aus, dass es wichtig ist, einen Beruf auszuüben, der den Fünf Regeln der Lebensführung nicht widerspricht.
Killer, Drogenhändler und Waffenschieber können also den Zustand der Buddhaschaft nicht erlangen.

---

46 Ebda.

47 In den oben angeführten Übersetzungen der Mittleren Sammlung verwendet Karl Eugen Neumann den Begriff »rechter Wandel«, während Kay Zumwinkel sich für »richtige Lebensweise« entscheidet.

Allerdings nicht, weil ihr Metier moralisch nicht tragbar ist. Diese Art moralischer Unterscheidung kennt der Buddhismus nicht.

Man geht vielmehr davon aus, dass das (wenn auch unbewusste) *Schuldgefühl*, das mit der Ausübung dieser Beschäftigungen verbunden ist, so groß ist, dass es unendliches Leid verursacht. Und es lässt sich nicht, nicht einmal mit buddhistischen Methoden, beseitigen, ganz einfach weil es durch die weitere Ausübung dieser »Berufe« ständig erneuert wird.

Üben wir einen Beruf aus, der anderen schadet, so leiden auf die Dauer auch wir selbst darunter, weil in uns dadurch Schuldgefühle entstehen.

Daher ist es so wichtig, einer Arbeit nachzugehen, mit der man weder sich selbst noch anderen Wesen schadet.

Natürlich hängt das Schuldgefühl letztlich davon ab, in welchem Umfeld man in moralischer Hinsicht aufgewachsen ist.

Im Buddhismus jedenfalls gibt es keinen moralischen Imperativ, wie ihn uns beispielsweise Kant anempfiehlt. Diese typisch westliche Haltung geht davon aus, dass das moralisch Gute ein Wert an sich sei. Der Buddhismus hingegen ordnet dem Guten einen *funktionalen Wert* zu.

Auch aus diesem Grund ist der Buddhismus weniger kategorisch in seinen Vorschriften.
Er zielt nämlich in erster Linie auf ein verbessertes seelisches Befinden und auf eine in dieser Hinsicht sinnvolle Lebensführung ab.
Anders ausgedrückt: Auch im Buddhismus geht es darum, Gutes zu tun und Schlechtes zu lassen (also anderen Wesen nicht zu schaden), aber nicht weil dies ein Wert an sich wäre, sondern weil das Leid, das wir anderen zufügen, in uns unweigerlich *Schuldgefühle* entstehen lässt, die uns selbst schaden.
Dieser Ansatz zur Begründung einer ethischen Haltung ist durch und durch *psychologisch*. Anders als in der westlichen Tradition wird dabei der historische und kulturelle Aspekt der Moral berücksichtigt.
Ein Kopfjäger in Amazonien empfindet beispielsweise nicht das geringste Schuldgefühl, wenn er seinen Feind enthauptet und aus seiner Trophäe einen Schrumpfkopf macht, den er dann am Gürtel trägt und der ihm ein hohes soziales Ansehen verleiht.[48]
Dasselbe gilt für die kämpfenden Truppen aller Länder und aller Zeiten. Sobald sie im Namen irgendei-

---

48 Ganz im Gegenteil, in den Diskotheken Amazoniens haben Sie umso mehr Chancen, je mehr Dörrköpfchen Sie am Gürtel tragen. Das ist so wie bei uns mit den Geldscheinen, die aus Ihrer Brieftasche blitzen.

nes Ideals oder des Gruppeninteresses töten, bleiben die Schuldgefühle aus.
Der Ausdruck »Böses tun« zeigt schon, wie sehr die Tatsache, ob man Schuldgefühle empfindet, von der herrschenden Moral in der Gesellschaft abhängt.
Wichtig ist also, auch die mehr oder weniger unbewussten Ursachen für Schuldgefühle und folglich für seelisches Leid zu beseitigen, die nicht durch die Praxis des Buddhismus allein beseitigt werden, sondern eher durch einen Lebenswandel, welcher der Moral der Gesellschaft nicht widerspricht, in der man erzogen wurde.
Die ethischen Regeln der buddhistischen Tradition sind Regeln, die so in nahezu jeder menschlichen Gemeinschaft gelten. Daher hat der Buddha sie als absolut erkannt.[49]

49 Siehe zum Beispiel die Zehn Gebote des Christentums.

Kapitel 8

Die rechte Anstrengung

Brüder, ich weiß, dass eure Aufmerksamkeit stets in der unwirklichen Welt eurer Gedanken gefangen ist.

Brüder, ich weiß, dass es einer Willensanstrengung bedarf, um den Blick in euer Inneres zu richten.

Brüder, unternehmt diese Anstrengung, den Blick in euer Inneres zu richten.

Konzentriert eure Aufmerksamkeit auf eure Gedanken. Beobachtet, wie sie entstehen, heranwachsen und vergehen. Beobachtet, wie vergänglich sie sind und wie unwirklich ihre Trugbilder sind.

Dann wird eure Aufmerksamkeit sich auf die Wirklichkeit richten, die euch umgibt, und sie wird sich euch in all ihrer Schönheit und Freude offenbaren.

Ihr werdet feststellen, dass es in Wirklichkeit kein Leiden gibt. Das Leiden ist allein in eurem Geist.

Brüder, nehmt die rechte Anstrengung der Konzentration auf eure Empfindungen auf euch, auf eure Gefühle und Gedanken. Auf diese Weise werdet ihr die rechte Konzentration verwirklichen.[50]

Ergo:

Die rechte Anstrengung besteht in dem Bemühen, rechte Konzentration zu verwirklichen.

Es erfordert tatsächlich *Anstrengung*, den eigenen Gedankenstrom zu beobachten.
Warum?
Weil unsere Aufmerksamkeit normalerweise so sehr von unseren Gedanken vereinnahmt wird, dass *wir uns vollkommen mit unseren Gedanken identifizieren.*
Wenn ein Gedanke in unserem Bewusstsein aufscheint (zum Beispiel: »Ich bin ein Versager«), dann halten wir diesen Gedanken sofort für wahr und *identifizieren* uns mit ihm.
Aus diesem Grund leiden wir.
Unser Ich identifiziert sich mit unseren Gedanken.
Es wird von unseren Gedanken magnetisch angezogen.
Diese Anziehungskraft ist ungeheuer stark.
Daher ist tatsächlich Anstrengung nötig, um sich davon zu befreien.
Diese Gewohnheit, genauer gesagt: dieser Automa-

---

50 *Suttapitaka, Majjhima-Nikaya, Satipatthana-Sutta*. Deutsche Fassung nach Giacobbe.

tismus, hat uns zu Gefangenen unseres Denkens gemacht.
Dabei ist es nicht grundsätzlich schwierig, aus dem Gedankenstrom auszusteigen und ihn zu beobachten, wie es die rechte Konzentration erfordert. Schwierig ist nur, sich daran zu *erinnern*.
Daher hat der Buddha auch die rechte Anstrengung zum Teil des Edlen Achtfachen Pfades gemacht, zu einem eigenen Teil, der neben den sieben anderen besteht.
In Wirklichkeit aber ist die rechte Anstrengung eine Vorübung für den letzten der acht Teile, die rechte Konzentration.

Kapitel 9

Die rechte Achtsamkeit

Ihr alle seid intelligente Kinder, und ich bin sicher, dass ihr die Dinge, die ich mit euch teilen möchte, verstehen und üben könnt.

Kinder, wenn ihr eine Mandarine schält, dann könnt ihr sie mit Achtsamkeit essen oder ohne Achtsamkeit.

Was bedeutet es, eine Mandarine mit Achtsamkeit zu essen?

Esst ihr eine Mandarine achtsam, so ist euch bewusst, dass ihr eine Mandarine esst.

Ihr erfahrt vollkommen ihren lieblichen Duft und ihren süßen Geschmack.

Kinder, was bedeutet es, eine Mandarine ohne Achtsamkeit zu essen?

Esst ihr eine Mandarine ohne Achtsamkeit, dann ist euch nicht bewusst, dass ihr eine Mandarine esst.

Ihr empfindet nicht ihren lieblichen Duft und ihren süßen Geschmack.

Esst ihr die Mandarine auf diese Weise, so könnt ihr nicht ihre kostbare, wundervolle Natur wertschätzen.

Ist euch nicht bewusst, dass ihr eine Mandarine esst, so ist die Mandarine nicht wirklich da.

Ist die Mandarine nicht wirklich da, dann ist auch die Person, die sie isst, nicht wirklich da.

Das bedeutet, Kinder, eine Mandarine ohne Achtsamkeit zu essen.

Kinder, eine Mandarine achtsam zu essen bedeutet, wirklich in Berührung mit ihr zu sein, während ihr sie esst.

Euer Geist jagt nicht den Gedanken von gestern oder morgen hinterher, er bleibt vielmehr vollkommen im gegenwärtigen Moment.

In Achtsamkeit und Bewusstheit zu leben bedeutet, im gegenwärtigen Moment zu leben; euer Geist und euer Körper verbleiben dabei wirklich im Hier und Jetzt. [51]

Wir üben uns also in rechter Achtsamkeit, wenn wir unsere Aufmerksamkeit auf die Wirklichkeit richten, die uns hier und jetzt umgibt, und auf sie eingehen.

Daher lässt sich die rechte Achtsamkeit auch umschreiben als »Gegenwärtigsein in der Wirklichkeit«.

---

51 *Suttapitaka, Majjhima-Nikaya, Satipatthana-Sutta.* Deutsche Fassung: Thich Nhat Hanh, *Wie Siddhartha zum Buddha wurde*, Berlin (4) 2001, S. 122 f.

Rechte Achtsamkeit bedeutet,
dass wir in der Wirklichkeit gegenwärtig sind.

In der Wirklichkeit gegenwärtig zu sein ist für die Verwirklichung der Buddhaschaft von zentraler Bedeutung. Wir hören auf, uns zwanghaft mit unseren eigenen Gedanken zu beschäftigen, und wenden uns der Welt zu, der Wirklichkeit. Daher ist die Buddhaschaft ein *nicht-neurotischer* Zustand.
Wir müssen also unsere Aufmerksamkeit systematisch auf die Wirklichkeit richten.
Und in ihr leben.

Kapitel 10

Die rechte Konzentration

Brüder, übt euch in rechter Konzentration.

Die rechte Konzentration ist der edelste aller Teile des Achtfachen Pfades.

Wer rechte Konzentration übt, konzentriert sich auf den Strom der Gedanken.

Rechte Konzentration heißt, dass ihr unbeteiligt den Strom eurer Gedanken beobachtet.

Beobachtet den Gedankenstrom so unbeteiligt wie den Flug der Vögel im Frieden des fernen Abendhimmels.

Lernt von der Erde. Ob sie nun von Blumen bedeckt ist oder von Kot, sie bleibt davon unberührt. Alles nimmt sie mit Gleichmut auf, ohne Anhaften und ohne Ablehnung.

Wenn ein Gedanke, ob angenehm oder unangenehm, in euch aufsteigt, lasst euch davon nicht in die Falle locken, lasst euch nicht von ihm beherrschen.

Beobachtet ihn unbeteiligt und lasst ihn wieder gehen. Dann erhält er in euch keine Nahrung und kann die giftige Frucht des Leids gar nicht erst hervorbringen.

Wenn ihr euren Gedanken Nahrung gebt, werden sie

mächtig und stark. Sie beherrschen euch und machen euch zu ihren Sklaven.

Beobachtet ihr aber unbeteiligt eure Gedanken, werdet ihr eine unerwartete Entdeckung machen: dass eure Gedanken keineswegs eurem Willen folgen, sondern ein Eigenleben führen. Sie werden genährt durch eure Aufmerksamkeit und senken ihre Wurzeln tief in eure Ängste.

Übt ihr euch jedoch im unbeteiligten Beobachten des Gedankenstroms, hören die müßigen Gedanken allmählich auf, und ihr könnt im reinen Bewusstsein ruhen.

Die unbeteiligte Bewusstheit des Gedankenstroms führt, wenn sie stetig geübt wird, letztendlich zur Befreiung.

Brüder, bevor ihr jedoch unbeteiligt eure Gedanken beobachten könnt, müsst ihr lernen, Atem, Körper und Gefühle zur Ruhe kommen zu lassen.

Wenn Atem, Körper und Gefühle zur Ruhe gekommen sind, könnt ihr euch beständig im unbeteiligten Beobachten der Gedanken üben.

Die unbeteiligte Bewusstheit des Gedankenstroms und die bewusste Beobachtung des Atems stärken die Konzentration.

Die Konzentration verhilft euch zur Bewusstheit der wahren Natur der fünf Formen der Wahrnehmung: Empfindungen, Gefühle, Gedanken, Willensakte und Bewusstheit.[52]

Die fünf Formen der Wahrnehmung sind wie fünf Flüsse,

in denen sich nichts findet, was eigenständig existierte oder dauerhaft wäre, nämlich das so genannte Selbst.

Meditiert ihr über die fünf Formen der Wahrnehmung, wie sie in euch auftauchen, dann werdet ihr die erstaunliche und enge Verbindung zwischen euch und den Erscheinungen des Universums erkennen.

Beobachtet vor allem eure Gefühle.

Eure Gefühle sind die konkrete Form des Leids.

Sie entstehen aus euren Gedanken.

Wenn ihr den Ursprung der Gefühle in den Gedanken erkannt habt, habt ihr auch deren Unbeständigkeit erfasst.

Ihr werdet sehen, wie die Gefühle entstehen und vergehen, ebenso wie die Gedanken und wie alle geistigen und konkreten Erscheinungen.

Ihr werdet erkennen, dass Gefühle unbeständig sind, und könnt ihrem Werden und Vergehen allmählich mit immer größerem Gleichmut begegnen.

Der größte Teil unserer Gefühle entsteht aus der irrigen Vorstellung, die unbeständigen Erscheinungen seien von beständiger Natur. Habt ihr diese falsche Vorstellung mit der Wurzel ausgerissen, endet das Leid.

---

52 Hier werden die fünf »Daseinsgruppen« oder *Skandhas* aufgezählt, auch sie in einer etwas moderneren Übersetzung. Chögyam Trungpa nannte sie: Form, Empfindung, Wahrnehmung, Bildung und Bewusstsein. Siehe dazu: Chögyam Trungpa, *Das Mandala in uns*, München 2004.

Wenn ihr also die Bewusstheit des Atems und des Gedankenstroms erlangt habt, leert sich euer Geist von selbst.

Die Leerheit ist der natürliche Zustand unseres Geistes, ebenso wie die Ruhe der natürliche Zustand des Körpers ist.[53]

Der hier erwähnte »Geist« ist also die Gesamtheit unserer Gedanken, Gefühle, Empfindungen und anderer geistiger Akte, rechte Konzentration ist das unbeteiligte Beobachten dieses Geistes.[54]

Rechte Konzentration bedeutet unbeteiligtes Beobachten des Geistes.

---

53 *Suttapitaka, Majjhima-Nikaya, Cularahulovada-Sutta*. Deutsche Fassung nach Giacobbe.

54 Hier soll noch einmal unterstrichen werden, dass der Geist im buddhistischen Sinne kein »Objekt« ist, sondern ein dynamischer Vorgang, genauer gesagt ein Prozess, der sich aus vielerlei Vorgängen zusammensetzt. Der Geist ist also etwas Funktionales und umfasst letztlich sämtliche Wahrnehmungsprozesse. Diese wiederum teilt das buddhistische Denken in fünf Gruppen auf, die *Skandhas*, von denen bereits in der vorletzten Fußnote die Rede war.

Kapitel 11

Der Edle Achtfache Pfad – kurz und bündig

Der Edle Achtfache Pfad lässt sich im Wesentlichen wie folgt zusammenfassen:

1

Rechte Erkenntnis

Bewusstsein der Unbeständigkeit und wechselseitigen Abhängigkeit der Erscheinungen (Erleuchtung), woraus eine Haltung des Nicht-Anhaftens entsteht

2

Rechtes Denken

Aufgeben der unfreiwilligen negativen Gedanken und bewusstes Fördern positiver Gedanken

3

Rechte Rede

(sekundäre Regel, da als ethische Vorschrift erst in zweiter Linie auf das Erlangen der Erleuchtung abzielend)

4

Rechtes Handeln

(sekundäre Regel, da als ethische Vorschrift erst in zweiter Linie auf das Erlangen der Erleuchtung abzielend)

5

Rechter Lebenserwerb

(sekundäre Regel, da als ethische Vorschrift erst in zweiter Linie auf das Erlangen der Erleuchtung abzielend)

6

Rechte Anstrengung

Entschluss, die rechte Konzentration anzustreben(sekundäre Regel, da in Punkt 7 und 8 impliziert)

7
Rechte Achtsamkeit
Wahrnehmung der Wirklichkeit und dementsprechendes Handeln

8
Rechte Konzentration
Unbeteiligtes Beobachten des Geistes

Das also ist die ursprüngliche Lehre des Buddha, der Buddhismus, den Buddha selbst gelehrt hat.
Wie Sie sehen, handelt es sich dabei weniger um eine Religion als um eine psychologische Disziplin.
Hier ist vor allem eines wichtig.
Sich nicht in theoretischen Diskussionen zu verlieren.
Sondern zur Praxis überzugehen.
Der Buddhismus ist ein *Erfahrungsweg.*
Ein Buddhist ist jemand, der den Buddhismus praktiziert. Nicht jemand, der darüber redet.
Wer theoretische Diskussionen über den Buddhismus führt, ist kein Buddhist, sondern ein Buddhismus-Gelehrter.
Wie Buddha selbst dies in einer seiner berühmten Lehrreden sagte:

Obwohl meine Lehre weder Theorie noch Philosophie ist, werden einige Menschen sie so verstehen. Ich jedoch möchte euch klarmachen, dass ich von einer Methode spreche, die Wirklichkeit zu erfahren, nicht von der Wirklichkeit selbst. So wie ein Finger, der auf den Mond zeigt, nicht der Mond selbst ist. Einem intelligenten Menschen kann der Finger helfen, den Mond zu sehen. Doch ein Mensch, der nur den Finger sieht und ihn für den Mond hält, wird nie den wirklichen Mond erblicken. Ich lehre eine Methode, die in die Praxis umgesetzt werden will. Nichts, was geglaubt oder angebetet werden müsste. Meine Lehre lässt sich mit einem Floß vergleichen, das man zum Überqueren eines Flusses benutzt. Nur ein Narr würde das Floß mit sich schleppen, sobald er das andere Ufer, das Ufer der Befreiung, erreicht hat.[55]

Der Buddhismus hat ein einziges Ziel, und das ist praktischer Natur: die Befreiung vom Leid durch die Verwirklichung der *Buddhaschaft*, die letztlich einen Zustand von dauerhafter Ruhe und Gelassenheit mit sich bringt.
Die Frage, die sich nun stellt, liegt klar auf der Hand: Was kann man konkret tun, um die Buddhaschaft zu erlangen?

---

55 *Suttapitaka, Majjhima-Nikaya, Dighanaka-Sutta*. Deutsche Fassung nach Giacobbe.

Denn der Edle Achtfache Pfad weist uns zwar den Weg zur Verwirklichung der Buddhaschaft, doch wie sollen wir diesem Wegweiser nun *praktisch* Folge leisten?
Genauer gesagt: Was sollen wir tun?
Wo liegen unsere praktischen Ziele?
Darüber sollten wir uns Gedanken machen, denn das Erreichen des Zieles ist letztlich nur eine Frage der Zeit. Aber dafür müssen wir genau wissen, wo unser Ziel liegt. Nur dann können wir unsere Pfeile ins Schwarze lenken.
Sehen wir uns also die praktischen Ziele an, die sich aus dem Edlen Achtfachen Pfad ergeben.
Dies ist Gegenstand des nächsten Kapitels.

Kapitel 12

Die praktischen Ziele des Edlen Achtfachen Pfades

Dass wir uns über die praktischen Ziele des Achtfachen Pfades Gedanken machen, ist schon deshalb wichtig, weil an seinem Ende das Erreichen der Buddhaschaft steht, die wir ja anstreben.

Wir wissen, dass der erste Teil des Achtfachen Pfades, die rechte Erkenntnis, auf das Wissen um die Unbeständigkeit und wechselseitige Abhängigkeit der Erscheinungen abzielt. Diese Erkenntnis kommt der Erleuchtung gleich, die das Herz des Buddhismus ist, das Fundament, auf dem er aufbaut.

Aus dieser Erkenntnis entsteht eine Haltung des Nicht-Anhaftens, die schließlich zur Befreiung vom Leid führt.

Doch das Wissen um die Unbeständigkeit und wechselseitige Abhängigkeit der Erscheinungen ist zunächst einmal ein rein *intellektuelles* Ziel. Die Haltung des Nicht-Anhaftens hingegen bezieht sich auf unser *Verhalten*.

Daher handelt es sich hier eigentlich um zwei verschiedene praktische Ziele.
Genauer gesagt entsteht die Haltung des Nicht-Anhaftens aus der Bewusstheit der Unbeständigkeit, nicht aus dem Wissen um die wechselseitige Abhängigkeit der Dinge. Unser erstes Ziel ist also das stete Bewusstsein der Unbeständigkeit.

Das erste Ziel ist das stete Bewusstsein der Unbeständigkeit.

Die Haltung des Nicht-Anhaftens hingegen ist unser zweites praktisches Ziel.

Das zweite Ziel ist die Haltung des Nicht-Anhaftens.

Wir wissen weiterhin, dass der zweite Teil des Edlen Achtfachen Pfades das rechte Denken ist. Dieses besteht im Aufgeben unfreiwilliger negativer Gedanken und dem bewussten Annehmen positiver Gedanken. Die rechte Konzentration, der letzte Teil des Pfades, besteht aus dem unbeteiligten Beobachten des Geistes.
Beide Maßnahmen zielen auf die Kontrolle des Geistes ab. Die Kontrolle des Geistes ist folglich das dritte praktische Ziel.

Das dritte Ziel ist die Kontrolle des Geistes.

Außerdem haben wir bislang erfahren, dass der dritte, vierte und fünfte Teil des Achtfachen Pfades (also die rechte Rede, das rechte Handeln und der rechte Lebenserwerb) sich auf die ethische Umsetzung der gewonnenen Erkenntnis beziehen. Diese sind zwar wichtig, da sie aber nicht direkt dem Weg zur Befreiung dienen, haben wir sie als »sekundäre Regeln« definiert.

Wir können sie also für den Moment außer Acht lassen, da sie nicht zum Bestand an praktischen psychischen Fähigkeiten gehören, die wir zur Befreiung vom Leid erlangen wollen.

Der sechste Teil des Achtfachen Pfades wiederum, die rechte Anstrengung, besteht im Wesentlichen in der Entschlossenheit, die rechte Konzentration anzustreben.

Er stellt kein eigenes praktisches Ziel dar, sondern nur die Absicht, das dritte praktische Ziel zu erreichen: die Kontrolle des Geistes.

Auch diesen Teil können wir beim Herausfiltern der praktischen Ziele außer Acht lassen, weil er eine selbstverständliche Voraussetzung für ihr Erlangen darstellt.

Schließlich wissen wir mittlerweile, dass der siebte

Teil des Achtfachen Pfades, die rechte Achtsamkeit, im Gegenwärtigsein in der Wirklichkeit besteht. Es geht also darum, die eigene Aufmerksamkeit der Wirklichkeit zuzuwenden und auf diese bewusst zu reagieren.
Das Gegenwärtigsein in der Wirklichkeit ist also das vierte unserer praktischen Ziele.

Das vierte Ziel ist das Gegenwärtigsein in der Wirklichkeit.

Doch um die Buddhaschaft zu erreichen, genügt das noch nicht. Der Buddha selbst zählt die allumfassende Liebe zu seinen Zielen.
Er erwähnt sie im Zusammenhang mit dem rechten Denken und erklärt, dass sie die geistige Dimension eines Buddhas ist:

Brüder, das rechte Denken ist ein Denken der allumfassenden Liebe.

In Wirklichkeit sehnen sich alle Wesen nach allumfassender Liebe.

Die allumfassende Liebe besteht aus liebender Güte und Mitgefühl.

Liebende Güte und Mitgefühl zielen auf das Glück aller Menschen ab und verlangen keine Gegenleistung.

Ohne die allumfassende Liebe ist das Leben freudlos.
Mit Mitgefühl und liebender Güte, mit allumfassender Liebe, ist das Leben voller Glück, Frieden und Freude.[56]

Tatsächlich finden wir nur in der allumfassenden Liebe Ruhe und Gelassenheit.
Daher ist die allumfassende Liebe das fünfte praktische Ziel, das es zu erreichen gilt.

Das fünfte Ziel ist die allumfassende Liebe.

Zusammenfassend lässt sich also sagen, dass der Edle Achtfache Pfad ***fünf praktische*** Ziele umfasst:

1. *stetes Bewusstsein der Unbeständigkeit*
2. *eine Haltung des Nicht-Anhaftens*
3. *die Kontrolle des Geistes*
4. *das Gegenwärtigsein in der Wirklichkeit*
5. *die allumfassende Liebe*

Jeder von uns hat grundsätzlich die Fähigkeit, diese fünf Ziele zu erlangen. Daher kann man die fünf

---

56 *Suttapitaka, Majjhima-Nikaya, Piyajatika-Sutta und Samyutta-Nikaya, Metta-Sutta. Deutsche Fassung nach Giacobbe.*

Ziele auch als *grundlegende Fähigkeiten* des Menschen betrachten, die wir einfach nur erwecken müssen. Sie sind in uns angelegt, wie der Buddha sagte. Wir müssen sie nur entwickeln.

Kapitel 13

Eine wissenschaftliche Methode

Lässt sich aus der ursprünglichen Lehre des Buddha eine wissenschaftlich fundierte Methode ableiten? Dazu müssen wir zunächst einmal die Kriterien wissenschaftlichen Arbeitens definieren. Um eine Methode als wissenschaftlich zu bezeichnen, müssen folgende Voraussetzungen erfüllt sein:

1. Die *Elemente des zu lösenden Problems* müssen bekannt sein.
2. Ein *Lösungsweg* muss sich erarbeiten lassen.
3. Diese Lösung muss *für alle gleichermaßen praktisch anwendbar,* also jederzeit reproduzierbar sein.

Zuerst müssen wir also die Frage klären, aus welchen Elementen sich das Problem »Wie werde ich ein Buddha« zusammensetzt.
Hierbei geht es offensichtlich um die *psychischen Voraussetzungen* zur Erlangung und Aufrechterhaltung dieses Zustands.

Diese Voraussetzungen sind die fünf Kräfte, die wir aus der ursprünglichen Lehre des Buddha herausgefiltert haben: *das Bewusstsein der Unbeständigkeit, die Haltung des Nicht-Anhaftens, die Kontrolle des Geistes, das Gegenwärtigsein in der Wirklichkeit* und *die allumfassende Liebe.*

Sie also bilden unsere Vorgabe, gewissermaßen unseren *Arbeitsplan.*

Um aus den Vorgaben einen wissenschaftlichen Lösungsansatz abzuleiten, muss deren Tauglichkeit überprüfbaren Kriterien folgen.

Das wiederum bedeutet, dass diese fünf Kräfte nicht vollkommen ohne Bezug untereinander sein dürfen, sondern ein gemeinsames Kriterium besitzen müssen, das den Übergang von einer zur anderen erlaubt. Diesen inneren Zusammenhang bezeichnet man auch als »applikative Konsequenz«.

Nur wenn diese gegeben ist, kann eine Methode als »wissenschaftlich« bezeichnet werden.

Da wir es mit psychischen Faktoren zu tun haben, muss die applikative Konsequenz psychologischer Natur sein.

Jede Einzelne dieser fünf Kräfte muss also durch die ihr in der seelischen Entwicklung jeweils vorausgehende ermöglicht, wenn nicht sogar erzeugt werden.

Um herauszufinden, ob dies tatsächlich der Fall ist,

müssen wir die fünf Kräfte des Buddha jetzt näher untersuchen.
Fangen wir also mit Kraft oder Faktor Nummer eins an.
Woher kommt das *Bewusstsein der Unbeständigkeit*?
Offenkundig entsteht es aus der Beobachtung der Wirklichkeit.
Woran erinnert uns das? Richtig, an das *Gegenwärtigsein in der Wirklichkeit.*
Das Gegenwärtigsein in der Wirklichkeit geht also dem Bewusstsein der Unbeständigkeit voraus.
Doch um in der Wirklichkeit gegenwärtig zu sein, müssen wir den Geist nach außen richten. Dies geht aber nur, wenn wir uns vom zwanghaften Denken befreit haben. Voraussetzung dafür ist die *Kontrolle des Geistes.*
Die Kontrolle des Geistes geht also dem Gegenwärtigsein in der Wirklichkeit voraus.
Wir können also eine erste Reihenfolge festlegen: 1. Kontrolle des Geistes; 2. Gegenwärtigsein in der Wirklichkeit; 3. Bewusstsein der Unbeständigkeit.
Und wohin führt uns nun das Bewusstsein der Unbeständigkeit?
Auch diese Frage haben wir bereits geklärt: zu einer *Haltung des Nicht-Anhaftens*, der vierten Kraft in der Reihe.

Diese innere Haltung führt uns weg vom Eigeninteresse hin zum spontanen Entstehen der *allumfassenden Liebe*, der fünften und letzten Kraft eines Buddha.
Unsere Aufgabe ist es also, in der eben festgestellten Reihenfolge die *fünf Kräfte eines Buddha* zu verwirklichen:

1. ***Kontrolle des Geistes***
2. ***Gegenwärtigsein in der Wirklichkeit***
3. ***Bewusstsein der Unbeständigkeit***
4. ***Nicht-Anhaften***
5. ***allumfassende Liebe***

Unser Arbeitsplan stimmt im Wesentlichen mit dem Edlen Achtfachen Pfad überein und folglich mit den ursprünglichen Lehren des Buddha. Zudem besitzt er jenen inneren Zusammenhang, den wir als »applikative Konsequenz« bezeichnet haben. Diese ist, wie wir gesehen haben, in unserem Fall rein psychologischer Natur, da sie von einer psychischen Entwicklungsstufe zur nächsten führt.[57]

---

57 Die innere Konsequenz, welche die fünf Kräfte des Edlen Achtfachen Pfades verbindet, ist so offensichtlich, dass die Vermutung nahe liegt, auch der Buddha habe die Teile des Pfades vielleicht ursprünglich in dieser Reihenfolge gelehrt.

Nachdem wir auf diese Weise einen Lösungsansatz erarbeitet haben, geht es um dessen Praxistauglichkeit.

Zu diesem Zweck müssen wir noch einmal genau untersuchen, wie sich die fünf Kräfte verwirklichen lassen.

Daher werden wir uns in den nächsten fünf Kapiteln mit je einer dieser Kräfte befassen.

Kapitel 14

Die Kontrolle des Geistes

Die erste Kraft, die wir uns zu eigen machen wollen, ist die Kontrolle des Geistes. Sie ist deshalb so ungeheuer wichtig, weil sie das Fundament des ganzen Arbeitsplanes zum Erreichen der Buddhaschaft darstellt.
Wie wir bereits erfahren haben, war es der Buddha selbst, der die Bedeutung dieser Kraft betonte:

Die rechte Konzentration ist der edelste aller Wege des Achtfachen Pfades.

Wir sollten diesem Weg also besondere Aufmerksamkeit widmen und ihn mit Entschlossenheit verfolgen. Diese Einstellung nannte der Buddha: rechte Anstrengung.
Denn um Kontrolle über den Geist zu erlangen, ist tatsächlich entschlossene Anstrengung nötig. Die anderen Kräfte stellen sich mehr oder weniger spontan ein, sobald diese erste Hürde geschafft ist, doch

eben dieser Abschnitt des Weges verlangt uns beträchtlichen Einsatz ab.

Die Kontrolle des Geistes wird jedoch nicht nur vom Buddha als wichtige Fähigkeit angesehen.

Tatsächlich gilt sie allen »Eingeweihten« als Grundlage der spirituellen Entwicklung, ob es sich dabei um Buddha, Plato, Seneca oder den heiligen Augustinus handelt, um Pico della Mirandola, Mohammed, Meister Eckehart oder Sai Baba.[58]

Um den Geist zu kontrollieren, sagt der Buddha, sollten wir ihn *beobachten*.

Wir müssen also unsere Empfindungen, Gefühle und Gedanken beobachten.

Vor allem die eigenen Gedanken.

Denn aus den Gedanken gehen die Gefühle hervor, folglich ist der Gedankenstrom die Wurzel des Leidens.

Tatsächlich erzeugen *Gedanken* unsere Gefühle.

Wenn ich daran denke, einen mir lieben Menschen zu verlieren, stellt sich in mir ein leidhaftes Gefühl ein.

Denke ich hingegen an das nächste Treffen mit die-

---

58 »Wir müssen die widerstreitenden Gefühle kontrollieren und zum Verlöschen bringen, weil sie den Geist verdunkeln, sodass er nicht mehr einsgerichtet ist.« Sathya Sai Baba, *Prema Dhyana*, deutsche Fassung nach der Übersetzung ins Italienische *Fiume d'amore*, Turin 1981, S. 11).

sem Menschen, stellt sich in mir ein Gefühl ein, das ich mit »Freude« umschreiben würde.
Also sind es die Gedanken, die unser seelisches Leid erzeugen.
Warum aber denken wir auf eine Weise, die uns Leid verursacht? Um diese Frage zu klären, müssen wir wissen, dass ein Denken, das Leid verursacht, *ungewollt* ist.[59]

Ein Denken, das Leid verursacht, ist zwanghaft.

Niemand fügt sich selbst vorsätzlich Leid zu. Dies liefe unserem allgemeinen genetischen Überlebensprogramm zuwider.[60]
Wie oft schon haben wir versucht einzuschlafen, wurden aber von dem zwanghaften, ja schmerzhaften Gedankenkarussell in unserem Kopf wach gehalten.
Wie oft wünschen wir uns, unangenehme Gedanken aus unserem Hirn zu verbannen, und sind dazu nicht in der Lage.

---

59 Siehe dazu mein Buch *Wie Sie Ihre Hirnwichserei abstellen und stattdessen das Leben genießen*, München 2005.
60 Auch die Masochisten bilden hier keine Ausnahme: Das Leid, das sie sich zufügen, lindert ihre Schuldgefühle. So wird das Ich gestärkt, was wiederum eine Befriedigung darstellt.

Wollen wir denn an unsere Verluste, unsere Misserfolge, unsere Enttäuschungen, unsere Fehler denken? Nein. Und trotzdem können wir es nicht verhindern!
Nur allzu oft möchten wir gar nicht an unsere Zukunft denken, an die Probleme, die vor uns liegen, an die Gefahren, denen wir ausgesetzt sein werden, an das Ende, das uns widerfahren könnte. Und doch schaffen wir es nicht, uns diesen düsteren Gedanken zu entziehen!
Wir sind also nicht in der Lage, jene Gedanken abzustellen, die uns leiden lassen!
Gegen unseren Willen wohlgemerkt!
Wie aber kommt es, dass wir selbst uns seelisches Leid zufügen, und zwar auf zwanghafte Weise?
Wie ist es möglich, dass wir unfreiwillig so denken, wie wir denken?
Weil unser *Gedächtnis* bestimmte Gedanken *automatisch* (unbewusst) hervorbringt.
Dieses unfreiwillige, automatische Denken ist eine Reaktion auf die *inneren Spannungen*, die von traumatischen Erlebnissen (Aggressionen, Ängsten, Verlusterfahrungen, Unsicherheit und Misserfolg) herrühren, die im Gedächtnis gespeichert sind.[61]
Alle Aggressionen, Ängste, Verlusterfahrungen und Misserfolge, die wir erlitten haben, bleiben in unse-

rem Gedächtnis gespeichert. Sie machen sich in Gestalt von Gedanken regelmäßig wieder bemerkbar und erzeugen die genannten leidhaften Gefühle. Daher müssen wir uns über eines vollkommen im Klaren sein: Jene Gedanken, die uns Leid verursachen, sind das automatische Produkt von Spannungen, die in unserem Gedächtnis gleichsam »konserviert« sind.

Leid verursachende Gedanken sind das automatische Produkt der in unserem Gedächtnis gespeicherten Spannungen.

Im Zustand der Neurose beherrscht das leidhafte Denken, das wir auch als »angespanntes« oder »spannungsgeladenes« Denken bezeichnen könnten, unser gesamtes Bewusstsein.
Wie aber kann es so weit kommen?
Ganz einfach: Gedanken erzeugen immer neue Gedanken.[62]

---

61 Wenn wir hier von »inneren Spannungen« sprechen, handelt es sich tatsächlich um elektrische Spannung, die durch die neuronalen Verschaltungen im Gehirn fließt. Dabei entstehen Gedanken, was quasi eine natürliche Form der Entladung darstellt. Wenn wir ein traumatisches Erlebnis haben, bleibt die geistige Anspannung, die es nach sich zieht, noch lange nach dem Erlebnis erhalten, und wir müssen häufig daran denken, weil wir versuchen, diese Spannung abzubauen.

Gedanken erzeugen neue Gedanken.

Gedanken sind wie Samen, aus denen sich neue Pflanzen entwickeln.[63]
Aus negativen Gedanken entstehen giftige Pflanzen.
Aus diesen Giftpflanzen besteht unser Leiden.
Das Denken ist also Ursache unseres seelischen Leidens. Eben das hat der Buddha herausgefunden und für alle nachvollziehbar formuliert.
Daher müssen wir zuallererst versuchen, unser Denken zu kontrollieren, wenn wir den Geist kontrollieren wollen.

Die Kontrolle des Geistes ist gleichbedeutend mit der Kontrolle der Gedanken.

---

62 Gedanken werden im Gedächtnis zusammen mit ihrer »emotionalen Ladung« gespeichert. Ein Gedanke, der mit einem bestimmten Gefühl verknüpft ist, wird zusammen mit diesem vom Gedächtnis registriert. Später ist es dann dieses Gefühl, das diesen Gedanken gleichsam wieder aufruft. Je stärker das damit verbundene Gefühl, desto häufiger scheint der damit verknüpfte Gedankengang in unserem Bewusstsein auf.

63 Tatsächlich wird der Gedanke in der yogischen Tradition als *bija* bezeichnet, als »Keim«, eben weil er andere Gedanken erzeugt. Siehe dazu: Patanjali, *Die Wurzeln des Yoga,* hrsg. von Bettina Bäumer, I, 46 bzw. I, 51.

Die Kontrolle des Geistes hat gleich doppelten Eingang in den Edlen Achtfachen Pfad des Buddha gefunden: als rechtes Denken und als rechte Konzentration.

Wie wir wissen, besteht die Übung im rechten Denken aus dem Aufgeben negativer und dem Annehmen positiver Gedanken.[64]

Daher ist es so wichtig zu verstehen, wie sehr uns *zwanghaftes* Denken schadet.[65]

Das positive Denken, das wir uns angewöhnen wollen, ist hingegen seiner Natur nach vollkommen *selbstbestimmt*.

Wir müssen also unsere zwanghaften negativen Gedanken aufgeben und sie durch selbstgewählte positive ersetzen.

Mit anderen Worten: Wir müssen *geistige Hygiene* praktizieren.

Aber welche negativen Gedanken sollen wir aufgeben?

---

64 Der östlichen Tradition folgend betrachten wir als »negativ« all jene Gedanken, die in irgendeiner Form zur Trennung und Isolation führen – Misstrauen, Verdacht, Abneigung, Missmut, Hass etc. Als »positiv« hingegen sind jene Gedanken einzustufen, welche das Miteinander und Einssein fördern: Vertrauen, Toleranz, Zuneigung, Wohlwollen, Güte, Liebe etc.

65 Negative Gedanken sind stets zwanghaft, da sie ja Leiden verursachen. Aus diesem Grund sind sie auch als »neurotisch« einzustufen.

Und durch welche positiven sollen wir sie ersetzen? Der Buddha hat dies erläutert, als er die vier Betrachtungen und die vier unermesslichen Tugenden lehrte.[66]

Fassen wir also nochmals zusammen:

Zwanghaftes negatives Denken	*Selbstbestimmtes positives Denken*
Aufregung	Konzentration auf den Atem
Abneigung	Güte
Grausamkeit	Mitgefühl
Zorn	Liebe
Hass	Mitfreude
Anhaftung	Kontemplation der Unbeständigkeit
Begierde	Kontemplation über das Ende aller Dinge

Eines allerdings sollten wir hier klarstellen: Der Rückgriff auf die Vier Betrachtungen und die Vier Unermesslichen Tugenden ist *nur im Extremfall* nötig.

Er muss nur dann erfolgen, wenn das Leiden sehr stark geworden ist.

Dann also, wenn negative Gedanken systematisch Ihren Geist verseuchen.

66 Siehe dazu das Kapitel über das rechte Denken (Kap. 6).

Die *normale* Übung, mit der wir Kontrolle über den Geist erlangen, ist die rechte Konzentration.
Also die unbeteiligte Beobachtung des Gedankenstroms.
Oder wie der Buddha sagte:

Beobachtet den Gedankenstrom so unbeteiligt wie den Flug der Vögel im Frieden des fernen Abendhimmels.[67]

Unbeteiligtes Beobachten *neutralisiert* die Gedanken. Es nimmt ihnen ihre emotionale Ladung und durchbricht so den Zwang zur Wiederholung. Damit aber wird die Reproduktionskraft der Gedanken zunichte gemacht.
Aber wie geschieht das?
Durch einen Akt der Ent-Identifikation.
Tatsächlich liegt diesem Vorgang eine Gesetzmäßigkeit der menschlichen Psyche zugrunde:

Wir werden von allem beherrscht, womit unser Selbst sich identifiziert. Wir können alles, womit wir uns nicht identifizieren, beherrschen, leiten und benutzen.[68]

---

67 *Suttapitaka, Majjhima-Nikaya, Cularahulovada-Sutta*. Deutsche Fassung nach Giacobbe.

Wenn wir von Gedanken überflutet werden, die uns leiden lassen, dann liegt das daran, dass wir sie für *unsere* Gedanken halten. Wir glauben, wir seien die Schöpfer dieser Gedanken, identifizieren uns mit ihnen und halten sie für wahr.

Wenn zum Beispiel in Ihrem Geist der Gedanke an einen möglichen Verlust und das damit verbundene Gefühl der Angst auftauchen, dann halten Sie sich für den Schöpfer dieses Gedankens und glauben auch, dass Sie es sind, der von Angst ergriffen wird. Auf diese Weise verstärkt sich das Angstgefühl enorm.[69]

Und so graben sich Gedanke und Angst tief in unser Gedächtnis ein und machen sich in der Folge immer wieder bemerkbar.

Dieses Verhalten aber ist *neurotisch*, denn in Wirklichkeit sind Sie gar nicht der Schöpfer dieses Gedankens. Er entsteht automatisch in Ihrem Gedächtnis, angeregt vom Gefühl der Angst, das dort *in der Vergangenheit* gespeichert wurde.

Die Identifikation unseres Ich mit diesem Gedan-

---

68 Assagioli, Roberto, *Die Schulung des Willens*, Paderborn (8) 1998, S. 183.

69 Als würde das Ich, das sich auf den Gedanken und die resultierende Emotion einlässt, diesen beiden seine Energie und damit unsere Lebenskraft abtreten.

ken und dem ihm auf den Fuß folgenden Gefühl bewirkt – nach der oben angeführten psychologischen Gesetzmäßigkeit –, dass dieses Duo Sie beherrscht.[70] Diesen Prozess des Spannungsaufbaus beziehungsweise der Identifikation mit dem spannungsgeladenen Gedanken verdeutlicht das folgende Diagramm:

Der Aufbau von Spannung oder die Identifikation mit dem spannungsgeladenen Denken

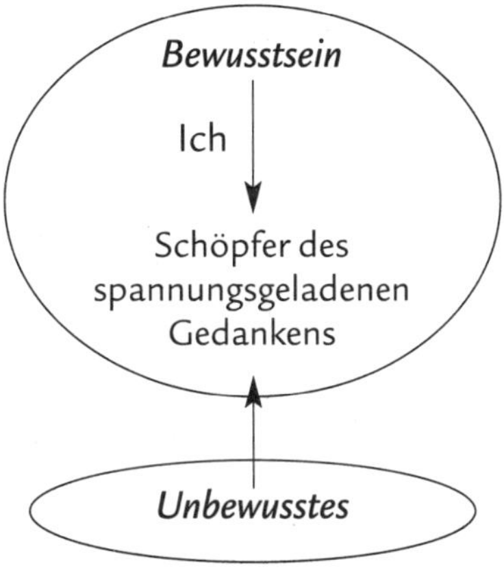

70 Als wäre dem Ich eine Art Schwerkraft eigen, die es immer wieder in den Fluss der Gedanken, Empfindungen und Emotionen zurückstößt, wo es sich verliert.

Im *Bereich des Bewusstseins* hält das Ich sich für den Schöpfer des spannungsgeladenen Gedankens, der in Wirklichkeit aus dem *Unbewussten* kommt. Es identifiziert sich mit diesem Gedanken.
Wenn wir aber die Aufmerksamkeit von äußeren Dingen abziehen und sie stattdessen auf unsere inneren Vorgänge richten, verändern wir damit unsere geistige Dynamik.
Wenn wir dann in unserem Geist einen Gedanken beziehungsweise ein Angstgefühl beobachten, sind wir nicht mehr Schöpfer, sondern unbeteiligter *Zuschauer*, der von diesem Gedanken und Angstgefühl einfach nur Notiz nimmt.
Nun gehen Gedanke und Gefühl unser Ich mit einem Mal nichts mehr an. Unser Ich ist nicht länger vermeintlicher »Schöpfer« und Subjekt von Gedanke und Gefühl, sondern nur noch deren »Beobachter«.
Damit aber wird dem Angstgefühl der Boden entzogen. Es kann sich nicht mehr ausweiten, wird nicht zum wiederholten Mal in unserem Gedächtnis gespeichert, um den damit verbundenen Gedanken weiter zu verstärken. Auf diese Weise wird der Reproduktionsmechanismus durchbrochen.
Und so wird der spannungsgeladene Gedanke gleichsam seiner emotionalen Ladung beraubt. Er wird neutralisiert.

Eine Spur wissenschaftlicher ausgedrückt, läuft dieser Vorgang wie folgt ab: Unser Identifikationszentrum, das Ich, mit dem wir uns gleichsetzen, wandert vom Gedanken zur Beobachterinstanz.
Diese Funktion unseres Gehirns ist im Westen auch unter dem Namen »Bewusstsein« bekannt.[71]
Der Beobachter ist also nicht der Gedanke.
Und so ist er in die Spannungen des Denkens nicht involviert.
Da die Ich-Vorstellung Motor dieser Spannung ist, aus der die Emotionen entstehen, wird sie durch die stete Übung des Beobachtens reduziert.[72]

---

71 Mit der Instanz des Bewusstseins hat sich die christliche Religion jahrhundertelang beschäftigt, allerdings unter dem Namen »Gewissen«. Die katholischen Theologen kamen dabei zu dem Schluss, dass das Gewissen überhaupt erst für unseren freien Willen verantwortlich zeichnet, der unser Menschsein ausmacht und unseren göttlichen Ursprung enthüllt. In jüngster Zeit beginnt sich auch die Psychologie für das Bewusstsein zu interessieren (vor allem R. M. Bucke, P. D. Ouspensky, W. Hall, A. H. Maslow und vor allem R. Assagioli). Als Gehirnfunktion ist das Bewusstsein mittlerweile Gegenstand der neurobiologischen Forschung geworden. Das Interessante daran ist, dass das Bewusstsein sich selbst bei seinen Aktionen »zusehen« kann.

72 Als wäre das Bewusstsein, mit dessen Funktion das Ich sich quasi vollständig identifiziert, der natürliche Sitz der psychischen Energie. Solange das Bewusstsein im Gedankenstrom untergetaucht ist und wir uns mit unseren Gedanken und Gefühlen identifizieren, fließen diese mit aller Kraft. Sie überfluten uns, und wir werden zu ihren Sklaven. Das Bewusstsein schenkt den Gedanken und Gefühlen seine gesamte Energie. Wenn sich jedoch das Bewusstsein – und mit ihm

Dieser Vorgang lässt sich mit folgendem Diagramm veranschaulichen:

Stadium der Selbstbeobachtung

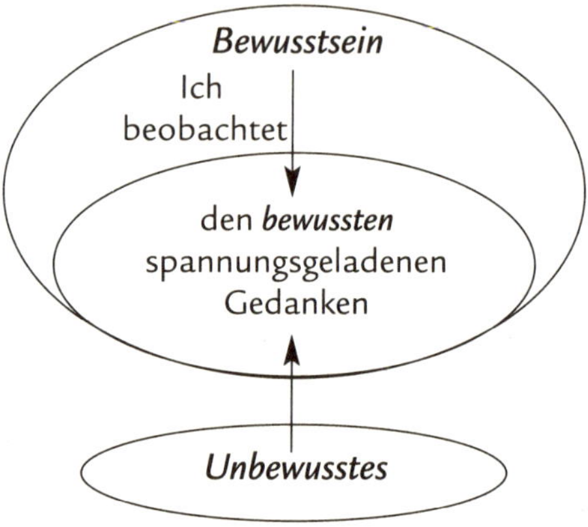

Dieser Beobachtungsvorgang, den wir als »Bewusstsein« bezeichnen, ist tatsächlich eine Gehirnfunktion, die dem Menschen eigen ist. Spontan aller-

---

das Ich – vom Gedankenstrom löst und zur Instanz des unbeteiligten Beobachters wird, scheint dieser die gesamte Energie aufzunehmen, sodass sie nicht mehr den Gedanken und Gefühlen zur Verfügung steht. Deren Aktivitäten schwächen sich immer weiter ab, bis sie ganz aufhören.

dings wird sie nur in wenigen Ausnahmefällen erfahren.[73]

Nur durch diese Funktion des menschlichen Geistes, das Bewusstsein, sind wir in der Lage, unsere Gedanken zu beobachten.

Unser Ich wird vom Schöpfer der Gedanken zum *unbeteiligten Beobachter*.

Oder sollen wir sagen: zum »edlen unbeteiligten Beobachter«?

Wenn wir unsere Gedanken beobachten wollen, müssen wir zum Edlen Unbeteiligten Beobachter werden.

Ein unbeteiligtes Beobachten des Gedankenstroms erlaubt uns, den Geist zu kontrollieren. Dies wiederum ist, wie wir wissen, die unabdingbare Voraussetzung nicht nur für das Gegenwärtigsein in der Wirk-

---

73 Vor allem bei schweren Unfällen. (In diesem Fall geschieht es häufig, dass man sein eigenes Leben ablaufen sieht wie einen Film.) Man sieht sich plötzlich von außen, als handele es sich um eine fremde Person. »In Gefahrensituationen (zum Beispiel im Krieg oder beim alpinen Klettern) kommt es zur Potenzierung des Bewusstseins, zu einem Zustand des ›Superbewusstseins‹, in dem Handlungen und Heldentaten möglich werden, die der Mensch im Normalfall nie begehen würde.« (R. Assagioli, *Principii e metodi della psicosintesi terapeutica*, Rom 1973, S. 169, Übersetzung E. Liebl)

lichkeit, sondern für die Verwirklichung der Buddhaschaft überhaupt.
Ein Buddha ist sich tatsächlich seiner automatisch auftauchenden Gedanken stets bewusst. Er wahrt Distanz zu ihnen und lässt sich von ihnen nicht versklaven.

Ein Buddha beobachtet seine Gedanken aus der Distanz und ist sich stets ihrer Zwanghaftigkeit bewusst.

Um diese Fähigkeit zu verwirklichen, sollten wir uns vorstellen, dass unser Geist ein Organ unseres Körpers ist, das Gedanken produziert wie die Galle Gallenflüssigkeit und die Nebennierenrinde Adrenalin.[74]

Der Geist ist ein Organ unseres Körpers.

74 Mir ist bewusst, dass die Idealisten unter Ihnen an dieser Stelle beleidigt aufschreien werden. Was soll's? Daran bin ich gewöhnt. Im Unterschied zu Schopenhauer, der auf die Vorhaltung, sein Denken habe ja nichts mehr mit der Wirklichkeit zu tun, antwortete: »Umso schlimmer für die Wirklichkeit!«, sage ich hier meinen empörten Lesern: »Umso schlimmer für das Denken!«

Man kann ihn also beeinflussen, trainieren, stärken und vor allem lenken, wie man will. Wie jedes andere Organ im Körper, die Lunge zum Beispiel oder die Blase.[75]

Der Geist lässt sich beeinflussen.

Das ist alles eine Frage der Übung.
Und folglich der Zeit.
Wenn Sie es noch nie versucht haben, kommt es Ihnen vermutlich ziemlich schwierig vor, Ihren Geist zu beobachten.
Zum Glück gibt es da ein paar Tricks.
Der erste ist: *Hören Sie auf zu denken.*
Natürlich klappt das nicht.
Aber damit haben Sie schon den ersten Schritt getan.
Sie haben den Blick nach innen, auf Ihren Geist gerichtet.
Denn woher wüssten Sie sonst, dass der Geist Ihrer Anweisung, mit dem Denken aufzuhören, nicht gefolgt ist?
Das ist also der erste Schritt.

---

75 Echte Yogis können sogar die Galle und die Nebennierenrinde beeinflussen. Mit ein wenig Übung können auch Sie das schaffen! Mehr darüber in meinem nächsten Buch: *Wie Sie innerhalb von zwei Wochen Ihre Galle und Ihre Nebennierenrinde kontrollieren lernen*. Sie müssen sich nur noch ein klein bisschen gedulden.

Der zweite Schritt besteht darin, den Geist – also Ihre Gedanken – einfach zu beobachten, und zwar *mithilfe der Sinne.*

Betrachten Sie Ihren Geist zum Beispiel *mit den Augen.*

Sehen Sie irgendwelche Bilder?

Diese Bilder sind nicht unbedingt »Gedanken« im eigentlichen Sinne. Trotzdem sind sie eine Aktivität des Geistes.

Wenn Sie Bilder sehen, ist dies etwas, was sich in Ihrem Geist abspielt.

Natürlich können Sie Ihrem Geist auch mithilfe des *Gehörs* auf die Schliche kommen.

Hören Sie etwa eine Stimme, die zu Ihnen spricht?

Das ist Ihr *Denken.*

Sie haben es also endlich erwischt!

Es ist nämlich tatsächlich so: Unser Denken äußert sich in endlosen *Ansprachen.*

Daher verheißt die Konzentration auf diesen inneren Monolog den größten Erfolg. Wir sollten sie regelmäßig pflegen.

Das unbeteiligte Beobachten der Gedanken sollte nämlich möglichst *systematisch* erfolgen.

Auf diese Weise verlieren Ihre negativen Gedanken innerhalb weniger Tage ihre zerstörerische Kraft. Der Geist wird klarer und freier. Er ist immer noch von

zwanghaften Gedanken durchsetzt, denn diese räumen nie vollständig das Feld. Doch sie sind ihrer suggestiven Macht beraubt und können Ihnen daher nicht mehr in dem Maße Kraft und Lebensfreude rauben, wie dies bisher der Fall war. Sie leiden also weniger als früher.
Das unbeteiligte Beobachten der Gedanken ist die *Grundlagentechnik zur Kontrolle des Geistes.*
Aber was sagte der Buddha dazu?

Brüder, bevor ihr jedoch unbeteiligt eure Gedanken beobachten könnt, müsst ihr lernen, Atem, Körper und Gefühle zur Ruhe kommen zu lassen.[76]

Wieso das denn nun?
Weil der Geist nun einmal nicht getrennt vom Körper existiert. Sie können also Ihren Geist nicht zur Ruhe kommen lassen, wenn Sie mit Ihrem Körper nicht dasselbe tun.
Geist und Körper sind in Wahrheit eine Einheit, die man auch als *Körperbewusstsein* bezeichnen könnte.[77]

---

76 *Suttapitaka*, *Majjhima-Nikaya*, *Cularahulovada-Sutta*. Deutsche Fassung nach Giacobbe.
77 Siehe dazu: Ken Dychtwald, *Bodymind*, New York 1986, dt. *Körperbewusstsein*, Essen 1996.

Die *Vipassana*-Methode, die traditionelle buddhistische Meditationstechnik, unterteilt die »Vitalfunktionen« des Menschen aus didaktischen Gründen in drei dynamische Ebenen: *Atem, Körper* und *Geist.*
Diese Ebenen stehen miteinander in Verbindung und interagieren untereinander. Daher wirken sich Spannungen auf der einen Ebene unweigerlich auch auf die beiden anderen aus. Jede dieser Ebenen ist zugleich Folge und Ursache der anderen.
Was sich wiederum trefflich mit einem Diagramm veranschaulichen lässt:

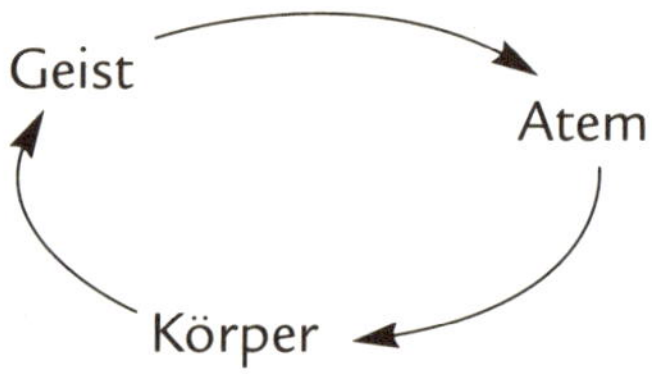

Wie das Diagramm zeigt, bedingen die Ebenen einander ebenso, wie sie auseinander hervorgehen.
Die Vipassana-Meditation beschäftigt sich in erster Linie mit der Funktion des *Atmens.*
Tatsächlich wird sie vollständig *Anapanavipassana* genannt, was man mit »vollkommene Bewusstheit des Atems« übersetzen könnte.[78]
Denn der Atem ist der am wenigsten komplexe der

drei genannten Prozesse und kann daher am einfachsten kontrolliert werden.
Die Übung der Konzentration auf den Atem ist ausgesprochen wirkungsvoll.
Wie es heißt, hat der Buddha mit dieser Methode die *Erleuchtung* erlangt.
Denn wenn man sich auf den Atem konzentriert, kann man bis zur vollständigen Leere und Klarheit des Geistes gelangen.
Diese Klarheit des Geistes ist deshalb so wichtig, weil sie uns erlaubt, jene Spannungen, jenes Leid, das sich normalerweise in unserem Geist breitmacht, abzubauen.
Ein Buddha ist ein Mensch, der tendenziell in der vollkommenen Leerheit und Klarheit des Geistes lebt.

Ein Buddha lebt tendenziell in der vollkommenen Leerheit und Klarheit des Geistes.

Doch bevor Sie dahin gelangen, müssen Sie zwei Dinge unbedingt verstehen.

---

78 Eine ausführlichere Einführung in die Vipassana-Meditation finden Sie in: Buddhadasa, *Mindfulness with Breathing*, Boston 2005. Eine gute deutschsprachige Einführung ist: Goldstein, Joseph, *Vipassana-Meditation*, Freiamt 1999.

Die Klarheit des Geistes kann nicht erlangt werden, wenn man *verbissen* nach ihr strebt.
Denn das würde nur neue Spannungen erzeugen. Sie aber wollen Ihre Spannungen doch loswerden.
Der zweite Punkt ist, dass man Leerheit und Klarheit des Geistes nicht *ständig* aufrechterhalten kann. Sie sollten also nicht der grundfalschen Vorstellung huldigen, dass, wer ein Buddha werden will, etwa das Denken unterbinden müsse. Das wäre nicht nur unmöglich, sondern sogar gefährlich.
Es geht einfach nur darum, das Denken auf jene Fälle zu beschränken, in denen es tatsächlich seine Berechtigung hat. Dann also, wenn es unserem Wohlbefinden dient, vielleicht sogar unserem Überleben.
Sie sehen: Einerseits ist es unmöglich, sich das Denken vollkommen abzugewöhnen, denn das zwanghafte Denken lässt sich nun einmal nicht völlig abstellen. Andererseits ist das Denken uns nützlich, um *praktische Probleme* zu lösen.
Das nämlich ist die eigentliche, biologische Funktion des Denkens: verschiedene Lösungsmöglichkeiten für praktische Probleme geistig durchzuspielen.
Die Buddhaschaft lässt sich als Geisteszustand beschreiben, in dem das Denken *bewusst* nur zum Lösen praktischer Probleme eingesetzt wird. Sobald es sich selbstständig macht und der ursprünglichen

Funktion nicht mehr gerecht wird, wird es ebenso bewusst an der Kandare gehalten, weil das Bewusstsein, das *Ich*, dabei in seiner Haltung als edler unbeteiligter Beobachter verharrt.

Die Kontrolle des Geistes erfolgt also über drei verschiedene Wege: 1. Konzentration auf den Atem, bis sich die Klarheit des Geistes einstellt; 2. unbeteiligtes Beobachten des Denkens; 3. bewusster Einsatz des Denkens.

Den Atem zu beobachten ist eine Übung, die Sie überall und jederzeit durchführen können.

Sie müssen sich dafür nicht in ein stilles Kämmerchen einschließen oder sich in eine Einsiedelei zurückziehen.

Sie können es jederzeit und in jeder beliebigen Situation praktizieren, sogar wenn Sie hinter dem Bus hersprinten.

Sie brauchen nur acht tiefe Atemzüge zu machen, um den Atem ruhig werden zu lassen.

Allerdings müssen Sie lernen, vollständig zu atmen und Ihre Lungen nicht nur teilweise mit Luft zu füllen.

Wer mag und kann, kann die Konzentration auf den Atem beliebig lange aufrechterhalten.

Dabei ist es jedoch weniger wichtig, wie lange man in dem konzentrierten Zustand verharren kann. Entscheidend ist, dass Sie den Geist immer wieder in diesen Zustand zurückführen.
Statt also zu versuchen, den Atem durch stundenlanges Üben zu beruhigen, sollten Sie viele kurze Sitzungen machen.
Natürlich sind letztlich Sie es, der entscheidet, wie häufig Sie diese Übung machen wollen und wie viel davon Ihnen guttut.
Was also müssen Sie konkret tun, um Kontrolle über Ihren Geist zu erlangen?

Übung 1

1. Ich lasse meinen Atem zur Ruhe kommen.
2. Mithilfe des Atems entspanne ich meinen Körper.
3. Ich lasse den Atem ruhig fließen und beobachte unbeteiligt alle Gedanken und Gefühle, die sich in meinem Geist bemerkbar machen.

Diese Übung kann Sie, wie bereits gesagt, bis hin zur Verwirklichung der völligen Klarheit des Geistes führen.

Übung 1a

(anzuwenden, wenn negative Gedanken auftauchen)

1. **Ich nehme zur Kenntnis, dass ein negativer, gefühlsgeladener Gedanke in meinem Geist aufgetaucht ist.**
2. **Ich entwickle den entgegengesetzten Gedanken mit dem zugehörigen Gefühl.**

Übung 1 machen Sie *eine Woche lang.*
Wenn nötig, führen Sie auch Übung 1a aus.
Dazu brauchen Sie weder besondere Rahmenbedingungen noch einen besonderen Ort oder Raum.
Beide Übungen können Sie überall machen.
Wie oft und in welcher Länge?
Das liegt ganz bei Ihnen.
Je öfter Sie sie ausführen, desto eher werden Sie zum Buddha und desto besser können Sie diesen Zustand *aufrechterhalten.*
Die erste Woche unseres Praxisweges ist also mit folgender Übung ausgefüllt:

Den Geist kontrollieren.

Zur Verstärkung können Sie auch ein *Mantra* benutzen, das Sie, so oft Sie wollen, im Geist rezitieren:[79]

Ich kontrolliere	***Einatmen***
meinen Geist.	***Ausatmen***
Ich bin	***Einatmen***
ein Buddha.	***Ausatmen***

Für die Damen:

Ich kontrolliere	***Einatmen***
meinen Geist.	***Ausatmen***
Ich bin	***Einatmen***
eine Erleuchtete.	***Ausatmen***

---

79 Mantras sind Worte oder Sätze, die ständig wiederholt werden. Gebete beispielsweise sind Mantras. Mantras sind deshalb so wichtig, weil sie auf das Unbewusste einwirken. Das Unbewusste nimmt diese Suggestion an und antwortet mit entsprechenden Gedanken, Gefühlen und Verhaltensweisen. Das vorgeschlagene Mantra verwandelt Sie. Darüber hinaus bringt es noch zwei weitere Vorteile mit sich: Es blockiert den zwanghaften Gedankenfluss. Und es schenkt Ihnen die vollkommene Kontrolle über den Geist. (Wenn man es mit dem Atem in Einklang bringt, sogar über den Körper.) Zwei Regeln sollten Sie dabei beachten: Rezitieren Sie das Mantra möglichst nur im Geist und teilen Sie niemandem mit, welche Methode Sie anwenden. Die erste Regel bewahrt Sie vor einem Besuch der Herren mit den weißen Turnschuhen und der anschließenden unfreiwilligen Einlieferung in die Nervenklinik. Die zweite verhindert, dass Sie jene Energie, die Sie für Ihre Veränderung brauchen, verschwenden.

Kapitel 15

Das Gegenwärtigsein in der Wirklichkeit

Die zweite Kraft, die wir auf unserem Weg zur Buddhaschaft brauchen, lässt sich erst entwickeln, wenn es gelungen ist, unseren Geist zur Ruhe zu bringen.[80]

Wir werden sehen, dass die Kontrolle über den Geist nicht nur die Voraussetzung für das Gegenwärtigsein in der Wirklichkeit ist, sondern dass sie dieses auch erheblich erleichtert.

Ist der Geist nämlich leer und klar, steht nichts mehr zwischen uns und der Wirklichkeit.

Aber was versteht man denn bloß unter »Wirklichkeit«?

Die Wirklichkeit ist das, was uns umgibt.

---

80 Auch im *Zen* muss erst der Geist zur Ruhe kommen, bevor der Schüler seine gesammelte Aufmerksamkeit der Wirklichkeit widmet. Das *Koan* (ein absurdes Rätsel, das der Schüler zu lösen hat) soll den Schüler letztlich nur von der Nutzlosigkeit des Denkens überzeugen, damit er seine Aufmerksamkeit vom Denken ab- und der Wirklichkeit zuwendet.

Die Wirklichkeit ist das, was uns umgibt.

Tatsächlich ist unser Umfeld unsere Wirklichkeit – für jeden von uns.
Wenn Sie nun denken, diese Feststellung sei banal, dann liegen Sie falsch.
Ich werde Ihnen mal eine Falle stellen.
Wir beide sitzen in New York auf der Veranda der Times Square Brewery.
Nun die Preisfrage: »Existiert für Sie der Place Pigalle in Paris in diesem Moment wirklich?«
Vermutlich werden Sie mir antworten: »Na klar.«
Doch genau das Gegenteil ist richtig!
Wenn Sie sich am Times Square befinden, umgibt Sie der Times Square, nicht der Place Pigalle.
Ihre Wirklichkeit ist also jetzt der Times Square.
Paris und der Place Pigalle sind ja nicht Ihr augenblickliches Umfeld.
Sie stellen nicht Ihre Wirklichkeit dar.
Genauso wenig wie der Herald Square in New York Ihre Wirklichkeit ist. Sie befinden sich schließlich am Times Square.
Der Herald Square ist nämlich ebenfalls nicht das, was Sie im Moment umgibt.
Und so ist der Herald Square für Sie ebenso wenig wirklich.

Alles klar?
Ihre Wirklichkeit ist das, was Sie im Augenblick umgibt und was Sie mithilfe Ihrer Sinne wahrnehmen können.
Also ist Ihre Wirklichkeit der Times Square in New York.
Nicht mehr und nicht weniger.
Paris und der Place Pigalle sind die Wirklichkeit all jener Menschen, die im Moment den Place Pigalle überqueren. Ihre Wirklichkeit sind sie nicht.
Ihre Wirklichkeit ist der Times Square in New York, weil Sie sich eben jetzt am Times Square in New York befinden. Das und nur das ist Ihre Wirklichkeit.
Wenn Sie sich am Times Square verhalten, als wären Sie in Paris auf dem Place Pigalle, dann verhalten Sie sich nicht im Einklang mit der Wirklichkeit.[81]
Dann wären Sie nicht in Ihrer Wirklichkeit gegenwärtig.
Ich höre schon Ihren Einwand: »Und der Krieg?«

---

81 Möglicherweise würden Sie gar die Nacht in einer Gefängniszelle verbringen. Die Amerikaner sind, wie jeder weiß, zutiefst puritanisch. Am Place Pigalle gibt es eine Menge Sexkneipen. Wenn Sie sich in den Lokalen am Times Square so benehmen, wie Sie es in den Lokalen am Place Pigalle ohne Weiteres tun können (zum Beispiel den dort anwesenden Damen die Pobacken begrapschen), dann kommt in Amerika ganz schnell die Polizei. (Die Amerikaner legen großen Wert auf die unberührten Pobacken ihrer Mädchen.)

Natürlich ist auch der Krieg wirklich, aber vor allem für die Menschen, die ihn ausbaden müssen. Nicht für uns, die vor dem Fernseher sitzen. Oder in aller Seelenruhe dieses Buch lesen.
Wenn Sie mit einem Soldaten telefonieren, der sich im Krieg befindet, wird er Ihnen diese Tatsache bereitwillig bestätigen. Und Sie bitten, doch Ihr Sparschwein zu schicken.
Für uns, die wir dieses Buch lesen, ist der Krieg nur in unserem Denken gegenwärtig, nicht aber in der Wirklichkeit. Oder anders herum:
Ich habe bereits in meinem letzten Buch erklärt, dass es zwei Welten gibt:

1. *die Welt im Kopf,*
2. *die wirkliche Welt.*[82]

So, jetzt wird's aber wirklich banal:

Die wirkliche Welt ist wirklich.
Die Welt im Kopf ist nicht wirklich.

Von all den Sachen, die so in unserem Geist auftauchen, gehören einige der wirklichen Welt an, andere

82 Siehe: *Wie Sie Ihre Hirnwichserei abstellen*, a. a. O., S. 63.

wiederum sind nur in unserem Kopf vorhanden, vorzugsweise in unserem *Gedächtnis.*
Wir halten gewöhnlich beides für real, aber da irren wir uns.
Real sind nur jene Dinge, die zu unserem Umfeld gehören. Die anderen gehören zur Welt in unserem Gedächtnis.
Wenn Sie noch stark in der Welt in Ihrem Kopf verankert sind, mag Ihnen diese Aussage fragwürdig erscheinen, doch ich werde Ihnen hierfür einen schlagenden Beweis liefern.
Wenn ein naher Verwandter stirbt, wird er unzweifelhaft noch eine ganze Weile in Ihrer Erinnerung weiterleben. In der wirklichen Welt aber ist er nicht mehr präsent. Folglich ist er nicht mehr Teil Ihrer Wirklichkeit.
Leider.
Auch der Alltag liefert uns in dieser Angelegenheit den einen oder anderen Beleg, der zwar weniger drastisch, aber immer noch beweiskräftig genug ist.
Eine Erfahrung, die jeder in der einen oder anderen Form schon einmal gemacht hat.
Totò, der große neapolitanische Komiker, kam eines Tages zu spät zur Verabredung mit einem Freund.
Daraufhin fragt dieser:
»Was ist denn passiert?«

»Ich bin zu spät dran, weil ein Typ mich auf der Straße aufgehalten hat und zu mir sagte: ›Vincenzo, du Idiot!‹«
»Was hast du geantwortet?«
»Nichts. Kein Wort.«
»Und dann?«
»Dann schimpfte er weiter: ›Vincenzo, du Hundesohn!‹«
»Und was hast du gemacht?«
»Nichts. Ich bin ganz ruhig geblieben.«
»Und er hat einfach weitergemacht?«
»Und wie! Er ließ sich gar nicht mehr bremsen. ›Vincenzo‹, brüllte er mich an, ›ich muss dich töten!‹«
»Und du? Was hast du getan?«
»Ich bin einfach weggegangen.«
»Wie? Du hast überhaupt nicht reagiert?«
»Nein.«
»Wieso das denn?«
»Was geht mich denn das Ganze an? Ich bin ja gar nicht Vincenzo.«

Diese klare Unterscheidung zwischen Worten, Gedanken und Wirklichkeit ist in Neapel, der Stadt der tausend Buddhas, eine Selbstverständlichkeit.[83]
Je weiter man nach Norden kommt, desto mehr geht sie verloren.

Wenn Sie in Schweden Ihr Gegenüber Dummkopf nennen, geht er hinaus und gibt sich die Kugel.
Dass wir den Objekten unseres Geistes Wirklichkeit verleihen, ist die *technische Ursache* unseres Leidens.
Wir leiden aufgrund der Hirngespinste in unserem Geist.

Brüder, die Trugbilder eures Geistes sind nicht wirklich.

Sie entstehen durch eure Anhaftung, durch eure Begierde, euren Hass, euren Zorn, eure Angst.

Brüder, die Trugbilder eures Denkens werden von euch selbst erzeugt.[84]

Wir leiden, weil wir die Trugbilder unseres Geistes für *real* halten.
Daher ist es so wichtig, dass Sie lernen, die Wirklichkeit von den Hirngespinsten in Ihrem Kopf zu unterscheiden.
Ein Buddha ist sich dieses Unterschieds stets bewusst.

---

83 Die Einwohner von Neapel haben gar keine Wahl wie die Einwohner anderer Städte. Sie müssen Buddhaschaft erlangen, sonst schaffen sie es nicht, in dieser Stadt zu überleben.

84 *Suttapitaka, Majjhima-Nikaya, Satipatthana-Sutta*. Deutsche Fassung nach Giacobbe.

Die Buddhaschaft bringt die Fähigkeit mit sich, zwischen der Welt in unserem Kopf und der wirklichen Welt unterscheiden zu können.

Dieses Bewusstsein muss sich zu einem dauerhaften Zustand entwickeln.
Denn nur so schaffen wir es, die Welt in unserem Kopf zu verlassen und in der Wirklichkeit gegenwärtig zu sein.

Brüder, nehmt euren Trugbildern die Aufmerksamkeit weg, und sie werden von selbst verblassen.[85]

Ich weiß, aus welcher Ecke es nun Widerspruch hageln wird. Wenn Sie zu den Leuten gehören, die nicht nur von den Produkten ihres Geistes fasziniert sind, sondern auch noch an deren Schönheit und Nutzwert glauben, erheben Sie hier zu Recht Einspruch. Doch Schönheit und Nutzwert geistiger Erzeugnisse sollen hier auch gar nicht geleugnet werden. Die Verwirklichung der zweiten Kraft eines Buddha bietet Ihnen einfach nur den Weg, sich aus dem *Leiden* auszuklinken, das Ihr Geist Ihnen regelmäßig einbrockt.

---

85 Ebda.

Denn nur darum geht es im Buddhismus: um die Befreiung vom Leiden.
Und deshalb heißt es in der buddhistischen Tradition, dass Sie die Leiden Ihres Geistes nicht besiegen können, wenn Sie ihm weiter verhaftet bleiben.
Sie müssen aus Ihrem Kopf herauskommen und in die Wirklichkeit eintreten.
Aus ebendiesem Grund stellt sich nach der Beruhigung des Geistes die zweite Kraft eines Buddha, das Gegenwärtigsein in der Wirklichkeit, ganz spontan und natürlich ein. Sie erfordert keine große zusätzliche Anstrengung.
In der Wirklichkeit gibt es nämlich kein Leid.
Ich weiß, auch das ist für Sie schwer zu glauben.
Aber auch das kann ich Ihnen an einem zugegebenermaßen tragischen Beispiel veranschaulichen.
Stellen Sie sich vor, ein Ihnen lieber Mensch stirbt.
Sie glauben, dass die Wirklichkeit dafür verantwortlich ist, dass Sie jetzt so viel Leid erfahren, weil der geliebte Mensch in ebendieser Wirklichkeit nicht mehr existiert.
Aber genau das ist der springende Punkt.
In der Wirklichkeit ist dieser Mensch nicht mehr da.
In der Wirklichkeit gibt es kein Leiden. Die Sonne geht weiter auf und unter. Die Wolken ziehen weiter über den Himmel. Die Vögel singen am Morgen.

Das Leid existiert nur in Ihnen selbst.
Sie glauben, dass die Wirklichkeit Ihr Leid verursacht hat, und schreiben es deshalb der Wirklichkeit zu.
Doch das Leid hat in der Wirklichkeit keinen Platz.
Es ist ein *rein psychischer Zustand*.
Etwas, das sich in Ihrem Geist abspielt.
Ein berühmtes Koan geht so:

Zeig mir die Hand, in der du dein Leiden hältst. [86]

Die Antwort ist: Das ist gar nicht möglich, weil das Leiden ein Faktum der Welt in unserem Kopf ist, die nicht mit der Wirklichkeit übereinstimmt.
Was sich schon daran zeigt, dass bestimmte Dinge einigen Menschen Leid verursachen, anderen nicht.
Das Gegenwärtigsein in der Wirklichkeit ist die Zen-Erfahrung.

---

86 Nach einem Monat intensiver Meditation kehrt der Schüler zum Meister zurück, der ihm die Frage gestellt hat, und antwortet diesem: »In der rechten Hand.« Der Zenmeister aber versetzt ihm einen Schlag mit dem Stock. (Zenmeister werden leicht handgreiflich.) Nach einem weiteren in Meditation verbrachten Monat kommt der Schüler zurück. Triumphierend schleudert er dem Meister entgegen: »In der Linken!« Und wieder erhält er eine Serie von Stockschlägen. Da schreit der Schüler empört: »Ach, verpiss dich doch, du alter Esel mit deinen idiotischen Fragen!« (Wörtliche Übersetzung aus dem Japanischen.) Da fällt ihm der Meister um den Hals: »Endlich hast du es kapiert, mein Sohn. Die Fragen sind wirklich idiotisch.«

Aus diesem Grund kann diese nicht mit Worten beschrieben, sondern nur erfahren werden, wie alle, die je ein Buch darüber geschrieben haben, ganz unschuldig immer wieder unterstreichen.[87]
Denn die Zen-Erfahrung ist die Erfahrung des Gegenwärtigseins in der Wirklichkeit.
Wie diese aussieht, können wir ebenfalls einer Zengeschichte entnehmen.

Als Yao-shan ruhig mit gekreuzten Beinen in Meditation saß, kam ein Mönch zu ihm und fragte:
»Was denkst du, wenn du so unbeweglich sitzt?«
»Ich denke an das, was jenseits der Gedanken ist.«
»Und wie denkst du an das, woran nicht gedacht werden kann?«
»Indem ich nicht denke.«[88]

Doch wir müssen nicht nach China oder Japan auswandern, um Menschen zu treffen, die eine zengleiche Verwirklichung erlangt haben.[89]

---

87 Und warum, werden Sie jetzt fragen, schreiben sie dann überhaupt Bücher darüber? Haben Sie sich je gefragt, wovon all die Menschen leben, die sich dem Zen widmen? Beim Zen geht es nämlich in erster Linie darum, nichts zu tun, überhaupt nichts. Ja, genau! Die schreiben Bücher. Ich bin also ein echter Zenmeister.

88 Hui-Neng (Wei Lang), Sutra 23.

Auch auf Sardinien finden Sie genug Exemplare dieser Spezies.
So lernte ich eines Tages in der Nähe der sardischen Stadt Orgòsolo einen Schafhirten kennen.
Ich fragte ihn:
»Was machen Sie eigentlich den ganzen Tag?«
»Ich hüte die Schafe.«
»Und woran denken Sie?«
»Woran soll ich schon denken? Ich passe auf die Schafe auf, damit sie niemand stiehlt.«
Das Gegenwärtigsein in der Wirklichkeit braucht keine Erklärungen, weil es dabei nicht um ein intellektuelles Spiel, sondern um die reine *Erfahrung* geht.
Wenn Sie dies ein für alle Mal verinnerlichen wollen, sollten Sie jetzt die folgende Übung machen.
Legen Sie das Buch aus der Hand und gehen Sie ins Badezimmer.
Stellen Sie sich unter die Dusche und öffnen Sie den Wasserhahn.
Denken Sie: »Ich nehme eine Dusche. Eine völlig normale Angelegenheit.«

---

89 Zen ist nicht in Japan entstanden, sondern in China im 6. Jahrhundert n. Chr. Dort erhielt diese Tradition den Namen *Chan* (von Sanskrit *dhyana*, Versenkung, einer Stufe des Yogaweges). Im 13. Jahrhundert kam das Chan dann nach Japan, wo es in Zen umgetauft wurde.

Wenn Sie einsehen, dass es alles andere als normal ist, in angezogenem Zustand eine Dusche zu nehmen, heiße ich Sie in der Wirklichkeit willkommen. Jetzt wissen Sie, wo genau der Unterschied zwischen Wirklichkeit und Gedankenwelt liegt.[90]

Folgende Übung soll Ihnen helfen, das Gegenwärtigsein in der Wirklichkeit zu erfahren:

Übung 2

1. **Ich lasse den Atem zur Ruhe kommen, entspanne meinen Körper und beobachte unbeteiligt meine Gedanken.**
2. **Ich verlasse die Welt in meinem Kopf und beobachte die Welt, die mich umgibt.**
3. **Ich tue, was immer mir einfällt. (Interaktion mit der Wirklichkeit)[91]**
4. **Ich bleibe in der Wirklichkeit verankert.[92]**

---

90 Genau aus diesem Grund steckt man Verrückte ständig in die Dusche. Unverständlich bleibt allerdings, warum dabei immer nur das kalte Wasser aufgedreht wird.

91 Sie können beispielsweise den Staub vom Klavier wischen oder das Deckchen unter der Kaffeetasse zurechtrücken. Wenn Sie kein Klavier haben und auch kein Deckchen, vor allem aber keine Tasse Kaffee, dann haben Sie ein echtes Problem. Gehen Sie ins nächste Café. Sagen Sie dort, dass Sie von mir kommen.

Diese Übung machen Sie eine Woche lang.[93]
Auch hierzu sind weder besondere Umstände noch besondere Räumlichkeiten vonnöten. Sie lässt sich überall durchführen.[94]
Solange und sooft Sie wollen.
Doch je öfter, desto besser.[95]
In der zweiten Woche ist Ihr Hauptziel:

In der Wirklichkeit leben.

Auch in dieser Woche gibt es ein Mantra, mit dem Sie Ihre Aktivitäten verstärken können. Rezitieren Sie es im Geist, solange und sooft Sie wollen.

---

92 Das heißt, Sie wischen weiter Staub. Wenn Sie mit dem Staubwischen durch sind, können Sie die Fenster putzen. Dann machen Sie mit den Teppichen weiter. Schließlich überziehen Sie die Betten frisch und lüften die Matratzen. Wenn Sie diese Übung jeden Morgen machen, können Sie auf Ihre Haushaltshilfe verzichten.

93 Danach können Sie die Haushaltshilfe wieder einstellen.

94 Auch in fremder Leute Haus. In diesem Fall allerdings sollten Sie sich vielleicht ein paar Euro dafür bezahlen lassen. Nur so, um Ihren Realitätssinn zu verbessern.

95 Je mehr Sie üben, desto mehr verdienen Sie.

Ich lebe *Einatmen*
in der Wirklichkeit. *Ausatmen*
Ich bin *Einatmen*
ein Buddha. *Ausatmen*

Für die Damen:

Ich lebe *Einatmen*
in der Wirklichkeit. *Ausatmen*
Ich bin *Einatmen*
eine Erleuchtete. *Ausatmen*

Kapitel 16

Das Bewusstsein der Unbeständigkeit

Sobald wir uns die zweite Kraft, das Gegenwärtigsein in der Wirklichkeit, zu eigen gemacht haben, können wir uns an die Verwirklichung der dritten Kraft machen: *das Bewusstsein der Unbeständigkeit.*
Denn das Gegenwärtigsein in der Wirklichkeit erlaubt uns, diese objektiv zu sehen. Wir erkennen, dass weder Dinge noch Ereignisse noch Personen immer dieselben bleiben.
Nicht einmal die Zustände unseres Geistes bleiben sich gleich.
Tatsächlich gilt:

Alles ist in stetem Wandel begriffen.

Dies ist die große Entdeckung, die wir machen, wenn wir die Wirklichkeit so sehen, wie sie ist.
Diese Entdeckung kommt der *Erleuchtung* gleich.
Mit ihr einher geht eine andere Erkenntnis: dass

nämlich die Erscheinungen des Universums durchweg voneinander *abhängig* sind.
Stellen wir uns einen riesigen Billardtisch vor, auf dem eine unendliche Zahl von Billardkugeln in ständiger Bewegung sind, wobei sie in einem fort gegeneinanderstoßen: Die Bewegung jeder einzelnen Kugel wird von der Bewegung aller anderen beeinflusst.
Genauso müssen wir uns das Universum vorstellen.
Diese wechselseitige Abhängigkeit ist die eigentliche Wurzel des Wandels: Die einzelne Kugel kann nie innehalten, weil die Bewegung aller übrigen sie zwingt, ständig weiterzurollen.
Aus diesem Grund bleibt nichts auf dieser Welt sich selbst je gleich.
Was im Übrigen auch die moderne Physik lehrt.
Diese Erkenntnis ist unzweifelhaft ein *intellektueller Vorgang*.
Darüber hinaus ist sie nicht schwer zu erlangen. Jeder kann sich diese Erkenntnis zu eigen machen.
Na und? Dann sind wir also alle erleuchtet?
So simpel und so leicht zu haben ist die Erleuchtung? Und das war's dann schon?
Natürlich nicht.
Ein Erleuchteter ist nicht etwa ein Mensch, der verstanden hat, dass in der Wirklichkeit alles in steter

Veränderung begriffen ist. Ein Erleuchteter kann diese Erkenntnis vielmehr dauerhaft in seinem Bewusstsein verankern.

Die Erleuchtung besteht im dauerhaften Bewusstsein des steten Wandels der Wirklichkeit.

Damit die Erleuchtung tatsächlich Auswirkungen auf unser Leben hat, müssen wir dieses Wissen tief in unserem Bewusstsein, genauer gesagt: im Unbewussten, verankern. Und das geht nicht mit einem rein intellektuellen Akt.
Zu diesem Zweck muss die Erkenntnis gleichsam in ein Gefühl »eingepackt« werden, denn das Unbewusste nimmt nur solche Bewusstseinsinhalte dauerhaft in sich auf, die von einer Emotion begleitet sind. Nur dann wird aus der Erkenntnis eine instinktive innere Haltung.
Daher ermahnt uns der Buddha ständig, diese Erkenntnis zur *persönlichen Erfahrung* zu machen.
Wir müssen die Wirklichkeit beobachten und immer wieder durch eigene Anschauung erfahren, dass sie sich in stetem Wandel befindet und folglich nicht dauerhaft sein kann.
Jeder *Verlust* gibt uns eine Gelegenheit, diese Erfahrung zu machen.

So wird jede leidhafte Erfahrung zu einer Stufe auf unserem Weg zu einem erweiterten Bewusstsein, wie Buddha selbst dies gelehrt hat.
Das Leid vermittelt uns jene emotional besetzte Einsicht, die allein unsere feste Überzeugung, dass Dinge, Menschen und Erlebnisse unwandelbar sind, aufzulösen vermag. Wir erleben in höchsteigener Person, dass nichts außerhalb der Zeit steht, dass *nichts wahrhaft beständig ist.*
Solche Erfahrungen können für uns zum *Erleuchtungserlebnis* werden, wie dies beim Buddha der Fall war.
Damit dies eintreten kann, müssen wir den Geist so oft wie möglich zum *Bewusstsein des steten Wandels* zurückführen. Dies geschieht durch Beobachtung der Wirklichkeit in uns (*innerpsychisch*) und außerhalb unser selbst (*außerpsychisch*).
Daher sollten wir so oft wie möglich über Vergänglichkeit und Verlust meditieren.[96]

---

96 Tatsächlich ist die Meditation über den Tod ein Leitmotiv des Buddhismus, wobei es nicht um die tragischen Aspekte des Todes geht. Ganz im Gegenteil: Das Nachdenken über den Tod zeigt erst, wie kostbar und bedeutsam unser Leben ist. Auf diese Weise lernen wir es mehr zu schätzen. Auch die alten Römer kontrastierten ihre opulenten Bankette häufig mit Darstellungen von Skeletten, um an die Vergänglichkeit des Lebens zu erinnern (»Memento mori!«) und das Leben so noch mehr genießen zu können.

Wie aber kommt es überhaupt dazu, dass in unserem Kopf die Vorstellung entsteht, die Erscheinungen des Lebens seien klar umrissen, begrenzt und unveränderlich?
Die Wirklichkeit, unser Leben also, ist wie ein Film. Was bekanntermaßen das Wesen eines Films ausmacht, ist die dynamische Projektion von Einzelbildern, es sind nicht die Bilder als solche.
Das Leben ist ein Film, keine Fotografie.
Es ist *dynamisch*, nicht statisch.
Wir hingegen machen Standbilder aus dem Film. Wir legen sie in unserem Gedächtnis ab und schreiben ihnen eine reale Existenz zu.
Wir haben es dann gar nicht mehr mit unserer Mutter, unserem Vater, unseren Freunden, uns selbst zu tun.
Wir hantieren vielmehr mit Erinnerungsfotos, die klar umrissen, begrenzt und unveränderlich sind.
Und wir glauben, dass dies die Wirklichkeit ist, die sich stets gleich bleibt.
Wir gehen felsenfest davon aus, dass alles stets beim Alten bleibt, und regen uns furchtbar auf, wenn dem nicht so ist, wenn etwas sich verändert oder wenn Menschen sich plötzlich von einer Seite zeigen, die unsrem Bild von ihnen widerspricht.[97]
Das Leben ist ein Film, doch unser Kopf ist voller Er-

innerungsfotos, die wir fälschlich für das Leben halten. Warum?
Weil unsere *kindliche Persönlichkeit* dies so haben will. Dieses »innere Kind« tragen wir stets mit uns herum. In Lebenskrisen (Krankheiten, Verlusterfahrungen, Misserfolgen) macht es sich sofort lauthals bemerkbar. Viele Menschen überwinden diese Phase nie. Aber gerade diese kindliche Persönlichkeit ist absolut unfähig, den Wandel zu akzeptieren, da sie mit der Wirklichkeit nicht umgehen kann.
Wir schaffen uns die Illusion von Sicherheit, indem wir hübsche Erinnerungsfotos vom Film unseres Lebens machen und diese für die Wirklichkeit halten.[98]
In buddhistischem Sinne Erleuchtung zu erfahren heißt auch, dass wir *innerlich wachsen*. Wir müssen unsere kindliche Persönlichkeit ablegen und zum Erwachsenen werden, der mit der Unsicherheit des steten Wandels umgehen kann.

---

97 Dieser kognitive Fehler führt zu zahllosen leidhaften Erfahrungen: Vor allem bei Paaren kommt dies häufig vor. Dann trennt man sich, weil er oder sie »ganz anders ist, als ich dachte«. (Und das vielleicht nach zwanzig Jahren.) Siehe dazu mein Buch: *Alla ricerca delle coccole perdute*, a. a. O., S. 129.

98 Dieses Verhalten ist zutiefst neurotisch, wie Sie in meinem Buch *Alla ricerca delle coccole perdute* (a. a. O.) nachlesen können.

Die Erleuchtung kommt dem Schritt von der kindlichen Persönlichkeit zum Erwachsensein gleich.

Natürlich gibt es auch dazu eine praktische Übung:

Übung 3

1. **Ich lasse den Atem zur Ruhe kommen, entspanne mich körperlich und beobachte unbeteiligt meine Gedanken.**
2. **Ich beobachte die Welt, die mich umgibt.**
3. **Ich beobachte stets, was in mir und außerhalb meiner selbst geschieht.**

Diese Übung führen Sie eine Woche lang durch.
Und wieder sind dazu keine besonderen Umstände oder Bedingungen nötig.
Sie können diese Übung überall durchführen.
Sooft und solange Sie wollen.
In der dritten Woche heißt Ihre Aufgabe also:

Den steten Wandel klar erkennen.

Das Mantra zur Verstärkung lautet:

Ich erkenne *Einatmen*
den Wandel. *Ausatmen*
Ich bin *Einatmen*
ein Buddha. *Ausatmen*

Und für die Damen:

Ich erkenne *Einatmen*
den Wandel. *Ausatmen*
Ich bin *Einatmen*
eine Erleuchtete. *Ausatmen*

Kapitel 17

Die Haltung des Nicht-Anhaftens

Wenn wir den steten Wandel im Leben einmal erkannt haben, hat dies für uns gravierende Konsequenzen.
Denn uns wird bewusst:

Es gibt nichts, woran wir uns klammern können.

Und so entsteht in uns ganz von selbst die vierte Kraft eines Buddha: die Haltung des Nicht-Anhaftens.
Dies ist der schwierigste Schritt auf dem Weg zur Buddhaschaft. Und gleichzeitig der bedeutsamste.
Denn damit legen wir ein für alle Mal unsere kindliche Persönlichkeit ab und werden erwachsen.
Wir lösen uns vollkommen von unserem Bedürfnis nach *Schutz* und *Sicherheit*, von allem, was wir für unverrückbar und unveränderlich hielten.
Denn in der wirklichen Welt gibt es keine Sicherheit.
Eben weil sie im steten Wandel begriffen ist.

Es gibt also keine Garantien, nichts, woran wir uns festhalten könnten. Die Wirklichkeit zeigt uns dies meist auf recht brutale Weise, so zum Beispiel, wenn wir einen geliebten Menschen verlieren.
Dann sind wir für einen Augenblick lang gezwungen, die Wirklichkeit zu sehen, wie sie ist. Wir erfahren die *Erleuchtung*, und sei es im Schmerz.
Doch unser Bedürfnis nach Selbstschutz zwingt uns meist schon in der nächsten Sekunde in unsere Illusion der Beständigkeit, der Starrheit, der Sicherheit zurück.
Unsere Gewohnheit des Anhaftens ist es, die uns immer wieder nach Sicherheiten, nach Ankern suchen lässt.
Sobald wir unsere Anhaftung aufgeben, werden auch unsere Sicherheiten überflüssig.
Schreckliche Vorstellung?
Nur wenn wir die Vorstellung vom Nicht-Anhaften aus der Haltung des Anhaftens heraus betrachten, aus Abhängigkeit und trügerischer Sicherheit. Dann ist sie allerdings schrecklich, weil wir uns allein und verlassen fühlen.
Im Leben keine Sicherheiten, keine verlässlichen Anker zu haben fühlt sich furchtbar an.
Aber doch nur für einen Menschen, der solche Dinge braucht. Der nach Beistand und Schutz sucht.

Also für das *Kind* in uns.
Für einen Erwachsenen nicht.
Der Erwachsene kann auf sich selbst aufpassen. Er braucht weder Beistand von außen noch Schutz.
Er braucht niemanden.
Also braucht er auch keine Sicherheiten oder Anker.
Er findet seine Sicherheit in sich selbst und ist in sich selbst verankert.
Er kann ohne andere Menschen auskommen.
Weil er seine Mitte in sich gefunden hat.
Aus diesem Grund ist er sogar fähig, die Elternrolle anzunehmen.
Er weiß, dass er sich selbst helfen kann. Er ist sich seiner selbst so sicher, dass er sogar anderen helfen kann.
Und so wird er zu einem Menschen, der die Elternrolle ausfüllen kann.[99]
Denn die Haltung des Nicht-Anhaftens lässt ihn auch den *persönlichen Egoismus* der Erwachsenenrolle überwinden.

---

99 Diese drei Rollenbilder (Kind, Erwachsener, Eltern) werden in meinem Buch *Alla ricerca delle coccole perdute* (a. a. O.) erklärt. [»Eltern« meint dabei nicht, dass Sie tatsächlich ein Kind zeugen müssen. Es geht dabei nur um die Entwicklung des Eltern auszeichnenden Verantwortungsbewusstseins. *Anm. d. Übers.*]

Er verlangt nichts mehr von anderen Menschen, erwartet nichts von ihnen.

Ein Buddha hegt keinerlei Erwartungen:
Er akzeptiert und genießt, was ist.

Erwartungen sind die Hauptursache für unser Leiden.
Wenn wir also die Buddhaschaft verwirklichen, entwickeln wir gleichzeitig unsere Persönlichkeit: Wir werden zum Erwachsenen, der die Elternrolle übernehmen kann.
Die Lehre des Buddha betrifft also unsere gesamte *Persönlichkeitsentwicklung.*
Aus diesem Grund heißt es in meinem Buch über die Persönlichkeitsentwicklung, dass nach den drei Stadien des Kindes, des Erwachsenen und der Elternschaft ein viertes diese vervollkommne: das Stadium der Buddhaschaft.[100]
Tatsächlich kann man nicht zum Buddha werden, wenn man seine Rolle als Erwachsener oder Elternteil nicht annimmt.
Wenn Sie der in diesem Buch vorgestellten Methode folgen, akzeptieren Sie zuerst Ihre Rolle als Erwach-

---

100 Ebda.

sener, dann als Elternteil, und schließlich werden Sie zum Buddha. Oder zur Erleuchteten. Sofern Sie es nicht schon sind.

Für diesen Entwicklungsprozess ist die Fähigkeit des Nicht-Anhaftens enorm wichtig.

Wie aber stellen wir es an, uns von der Anhaftung zu befreien?

Haben wir nicht Dutzende, ja Hunderte Dinge, an denen wir haften?

Große und kleine Dinge.

Natürlich. Aus diesem Grund ist unser erster Schritt, uns dieser Dinge *bewusst zu werden.*

Machen Sie sich Ihre Anhaftungen bewusst.

Gewöhnlich lassen sie sich in zwei Kategorien einteilen: in emotionale und materielle Anhaftungen.

Von Ihren *emotionalen* Anhaftungen können Sie sich befreien, indem Sie sich klarmachen, wie *wenig dauerhaft* diese für gewöhnlich sind.

Genauer gesagt: Die Menschen, an denen wir hängen, werden nicht ewig Bestandteil unseres Lebens bleiben.

Dies ist der Hauptantrieb für die Entwicklung einer Haltung des Nicht-Anhaftens: das Bewusstsein der Vergänglichkeit jeder Erscheinung.

Das Bewusstsein der Vergänglichkeit der Erscheinungen erlaubt uns, eine Haltung des Nicht-Anhaftens zu entwickeln.

Über die Vergänglichkeit der Dinge sollten Sie so oft wie möglich meditieren.
Denn Sie müssen sich stets dieser Vergänglichkeit bewusst sein.

Meditieren Sie so oft wie möglich über die Vergänglichkeit der Erscheinungen. Seien Sie sich stets der Vergänglichkeit aller Dinge bewusst.

Jene Kraft, die Sie bereits erworben haben, das Bewusstsein des steten Wandels der Wirklichkeit, erlaubt Ihnen, die innere Haltung des Nicht-Anhaftens zu entwickeln.
Machen Sie sich klar, dass das Leben an sich vergänglich ist. Auch die Menschen, die Gegenstand Ihrer Anhaftung sind, werden nicht stets in Ihrem Leben präsent bleiben.
Sie sind nicht unvergänglich.
Sie können nicht auf Dauer Teil Ihres Lebens sein.
Sie müssen nicht einmal so lange Teil Ihres Lebens sein, wie Sie selbst leben.

Sie können Ihr Leben, Ihr Glück, Ihre *innere Ruhe* nicht von den Menschen abhängig machen, die Sie lieben.
Lieben Sie sie denn wirklich?
Lieben bedeutet nicht, sich abhängig zu machen.
Eher das Gegenteil.
Wenn wir von jemandem abhängig sind, heißt das nicht, dass wir diese Person lieben, sondern dass wir von ihr *geliebt werden wollen*.
Wir möchten geliebt werden, nicht lieben.
Das heißt nicht, dass Sie die Menschen, die Sie lieben, jetzt im Stich lassen sollen.
Sie müssen Ihre Familie nicht verlassen.
Sie müssen nur aufhören, Ihr Glück von ihr abhängig zu machen.
Dann können Sie die Beziehung zu Ihrer Familie auch wieder genießen.
Mehr denn je zuvor.
Die Lebensphilosophie eines Buddha ist die *Freude*, nicht das Leid. Schließlich wollte der historische Buddha sich vom Leid befreien.
Ich bitte Sie also, sich so weit von Anhaftung frei zu machen, dass Sie sich an der Gegenwart der Menschen, die Sie lieben, erfreuen können, wenn Sie mit ihnen zusammen sind, und sich an etwas anderem erfreuen können, wenn sie nicht da sind.

Machen Sie Ihre Freude, Ihr Glück nicht mehr von ihnen abhängig.
Machen Sie aus ihnen kein Bedürfnis, das Sie unbedingt erfüllen müssen.
Nun zu Ihren *materiellen* Anhaftungen. Von diesen können Sie sich befreien, indem Sie sich klar machen, dass Sie auch ohne diese Dinge auskommen.
Üben Sie zuerst mit einer kleinen Anhaftung.
Nicht gleich mit einem echten Laster wie Rauchen, Trinken und so weiter.
Das sind nämlich keine kleinen Anhaftungen. Sie gehören zu den hartnäckigsten, die wir haben.
Es sind sozusagen unsere *Schnuller*.
Die Schnuller des Kleinkindes in uns.
Das Baby in uns hat ja keine Brustwarzen mehr, an denen es saugen kann. Also saugt es an der Zigarette. Am Schokoriegel. Am Whiskyglas. Und so weiter.
Diese hartnäckigen Gewohnheiten lassen wir fürs Erste außen vor.
Von diesen können Sie sich erst dann befreien, wenn Sie die Persönlichkeit eines Erwachsenen entwickelt haben.
Nehmen Sie sich eine kleine Anhaftung vor: zum Beispiel das regelmäßige Ansehen einer bestimmten Fernsehsendung.
Nun stellen Sie sich vor, was es für Sie bedeuten wür-

de, wenn Sie diese Sendung nicht mehr sehen könnten.
Sie werden feststellen, dass dabei nichts wirklich Tragisches passieren würde.
Sie sehen die Sendung nicht mehr und basta.
Das ist alles.
Und genau das wird eines Tages passieren. Denn eines Tages wird man die Sendung einstellen.[101]
Das soll jetzt nicht heißen, dass Sie die Sendung nie mehr sehen dürfen.
Ein Buddha ist schließlich kein Masochist.
Sie müssen nur lernen, nicht darauf fixiert zu sein.
Sie müssen die Fähigkeit erwerben, die Sendung dann zu sehen, wenn Sie sie wirklich sehen wollen.
Also die Freiheit erwerben, die Sendung anzusehen oder nicht anzusehen.
Das bedeutet es, materielle Anhaftungen zu beseitigen.
Üben Sie sich darin, die Sendung hin und wieder nicht zu sehen. Tun Sie stattdessen etwas anderes, was Ihnen Spaß macht.[102]

---

101 Hätten Sie nicht geschworen, dass Ihr Lieblingsmoderator ewig seine Sendung moderieren würde? Doch dann war eines Tages Schluss.

102 Besuchen Sie doch einmal Ihre Freundin. Wenn allerdings Ihre Freundin auch auf die gleiche Sendung steht, dann ist wohl nichts zu machen. Sie können sie ja immerhin zu zweit ansehen.

Dann nehmen Sie sich eine andere materielle Anhaftung vor. Und wieder eine. Und noch eine. So arbeiten Sie sich langsam an die größeren heran. Jene, von denen schon die Rede war: Zigaretten, Schokolade und so weiter.

Wenn Sie sich von Ihren Anhaftungen befreit haben, vor allem von der Anhaftung an die Vorstellung, dass nichts und niemand sich je ändern wird und alles immer so bleiben muss, wie Sie sich das vorstellen, werden Sie eine wunderbare Entdeckung machen.

Das Bewusstsein der Vergänglichkeit des Lebens und all seiner Erscheinungen führt dazu, dass wir diese in ihrer Schönheit und Einzigartigkeit mehr genießen als je zuvor.

So wird jeder Augenblick für Sie einzigartig und unwiederholbar. Und Sie sind sich seiner vollkommen bewusst.

Sie werden jede Person, jedes Ereignis, jede Begegnung, auch die schlimmste, genießen.

Genau das ist das Tolle an der Buddhaschaft. Sie werden nichts mehr als schlimm, schrecklich oder unangenehm erleben.

Denn jedes Ding wird wunderbar, wenn man es vor dem Hintergrund seiner Vergänglichkeit und Unwiederholbarkeit betrachtet. Einzig und allein, weil es existiert.

Von den Menschen gar nicht zu sprechen.
Jeder Mensch, so kleinlich, unbedeutend, ja nervtötend, unsympathisch, boshaft und vor allem dumm er sein mag, ist wunderbar, weil es ihn gibt. Weil er lebt. Weil er wirklich ist.[103]
Und Sie können diesen Menschen schätzen oder gar lieben, weil Sie sich von Ihren Anhaftungen befreit haben.
Sie können ihn mögen, wenn er da ist.
Ohne zu erwarten, dass er immer da sein muss.
Und ohne zu erwarten, dass er anders ist, als er eben ist.
Also ohne *Anhaftung*.
Denn die Anhaftung ist immer eine Anhaftung an etwas, was nicht ist. Der Wunsch nach etwas, was nicht da ist.

Anhaftung ist der Wunsch nach etwas, das nicht ist.

---

103 Im Grunde sind die Dummköpfe eine wunderbare Erfindung. Zunächst einmal könnten wir uns nicht klug fühlen, wenn sie nicht wären. Außerdem sind sie wirklich amüsant. Der Trick dabei ist: Man muss sich einfach klarmachen, dass man es mit einem Dummkopf zu tun hat. Wenn Sie von solch einem Menschen Intelligenz erwarten, tötet er Ihnen den letzten Nerv. Vielleicht entdecken Sie dann ja, dass in Wirklichkeit Sie der Dummkopf sind.

Nicht-Anhaftung ist also im Wesentlichen Wunschlosigkeit. Es verlangt uns nicht nach etwas, was nicht da ist, weil wir das, was ist, schätzen und genießen können.

Nicht-Anhaftung heißt, dass wir nicht nach dem verlangen, was nicht ist, sondern das schätzen, was ist.

Versuchen Sie es, und Sie werden feststellen, dass Ihr Leben sich radikal verändert.
Mit diesem Schritt nach vorn verzichten Sie auf jede Sicherheit. Sie sind sich bewusst, wie vergänglich jede Erscheinung im Leben ist, doch gleichzeitig wissen Sie, dass jeder Moment einzigartig und unwiederbringlich ist. Alles, womit Sie in Kontakt kommen, jeder Mensch, jede Situation, ist wunderbar.
Damit haben Sie die vierte Kraft verwirklicht, die Haltung des Nicht-Anhaftens. Nun ist die Buddhaschaft in greifbare Nähe gerückt.
Üben Sie sich im Nicht-Anhaften. Und zwar auf folgende Weise:

Übung 4

1. Ich lasse den Atem zur Ruhe kommen, entspanne mich körperlich und beobachte unbeteiligt meine Gedanken.
2. Ich beobachte die Welt, die mich umgibt.
3. Ich bin mir der Vergänglichkeit aller Erscheinungen bewusst.
4. Ich lasse die Haltung der Nicht-Anhaftung in mir stärker und stärker werden.

Führen Sie diese Übung eine Woche lang durch. Dazu sind weder besondere Umstände noch ein besonderer Ort nötig.
Sie können diese Übung überall durchführen.
In der vierten Woche heißt Ihr Ziel:

Sich von den Anhaftungen befreien.

Das Mantra zur Verstärkung, das Sie im Geiste rezitieren, lautet:

Ich bin	*Einatmen*
frei von Anhaftung.	*Ausatmen*
Ich bin	*Einatmen*
ein Buddha.	*Ausatmen*

Und für die Damen:

Ich bin	*Einatmen*
frei von Anhaftung.	*Ausatmen*
Ich bin	*Einatmen*
eine Erleuchtete.	*Ausatmen*

Kapitel 18

Allumfassende Liebe

Wenn Sie sich mit der Verwirklichung der zuvor beschriebenen vier Kräfte begnügen wollen, sind Sie allerdings immer noch kein Buddha.

Sie wären dann ein Mensch, der mit sich selbst gut klarkommt und jede Situation in seinem Leben genießen kann, der aber letztlich auch von den anderen Menschen isoliert wäre - ohne die Fähigkeit zur Kommunikation mit anderen Wesen, ja dem Universum überhaupt, die uns Menschen erst erlaubt, uns selbst kennen zu lernen und andere zu lieben.

Sie wären ein Mensch in der Rolle des Erwachsenen, fähig, die Unsicherheit und Vergänglichkeit des Lebens allein zu meistern.

Auch die Elternseite Ihrer Persönlichkeit hätten Sie entwickelt, jene, die uns in die Lage versetzt, andere Menschen so zu akzeptieren, wie sie sind, in all ihrer Schönheit und Einzigartigkeit.

Und ihnen vielleicht sogar zu helfen.

Aber Sie wären noch immer kein Buddha, keine Erleuchtete.
Denn Sie hätten jene innere Ruhe und jene Gelassenheit noch nicht entwickelt, die – wie wir gesehen haben – wesentliches Kennzeichen eines Buddha sind. Diese stellen sich nur ein, wenn wir fähig zu allumfassender Liebe sind.

Nur die allumfassende Liebe vermag das Leben mit Glück und Freude zu erfüllen.[104]

Der Zustand der Buddhaschaft stellt sich also nicht ein, wenn wir uns nicht auch in der fünften Kraft üben: *der allumfassenden Liebe.*
Denn diese ist die *Essenz*, das Herz der Buddhaschaft.
Nur die allumfassende Liebe erlaubt uns, jene *Heiterkeit und Gelassenheit* zu entwickeln, die wir zu Beginn als unser Hauptziel festgelegt haben.
Warum muss ich mir dann, so werden Sie fragen, überhaupt die Mühe machen, all die anderen Kräfte zu entwickeln, statt mich sofort und vollkommen auf die allumfassende Liebe zu konzentrieren?[105]

---

104 *Suttapitaka, Majjhima-Nikaya, Piyajatika Sutta*. Deutsche Fassung nach Giacobbe.

Weil die allumfassende Liebe die anderen vier Kräfte zur Grundlage hat.
Man kann nicht einfach das ganze Universum lieben, wenn man nicht gelernt hat, seinen Geist zu kontrollieren, in der Wirklichkeit gegenwärtig zu sein, die Unbeständigkeit des Daseins zu akzeptieren und sich von seinen Anhaftungen zu befreien.
Die allumfassende Liebe lässt sich nur verwirklichen, wenn unser Geist frei von Ängsten ist, in Kontakt mit der Wirklichkeit und frei von der Sorge um unsere egoistischen Bedürfnisse.
Dies sind die Hindernisse, die negativen Bedingungen, die wir zuerst beseitigen müssen, weil sie uns Grenzen auferlegen.
Die allumfassende Liebe kennt keine Grenzen, Bedingungen oder Hindernisse.
Die allumfassende Liebe füllt unseren Geist vollkommen aus. Sie durchdringt jede Zelle unseres Körpers.

---

105 Diese Manie, alles und zwar möglichst sofort haben zu wollen, ist typisch für die Persönlichkeit des Kleinkindes. Möchten Sie vielleicht einen kleinen Test machen? Wenn Sie an dieser Manie leiden, dann sind Sie ein verzogener kleiner Junge. Oder ein armes, kleines Mädchen. (Natürlich würde ich nie wagen, eine Dame als »verzogen« zu bezeichnen. Nicht, weil mir die armen, kleinen Mädchen etwa leid täten, sondern nur aus Selbstschutz.)

Mit der allumfassenden Liebe dehnen wir uns ins Universum hinein aus. Wir erlangen eine Bewusstheit, die den ganzen Kosmos umschließt, an dem wir teilhaben. Wir *werden zum Universum.*

Allumfassende Liebe heißt, dass wir uns mit dem Universum verbinden, ja zum ganzen Universum werden.

Was würden Sie von einem Wassertropfen im Ozean halten, der durch die Bewegung einer Welle in die Höhe geschleudert wird und plötzlich glaubt, er existiere ganz allein für sich, ohne Verbindung zum Ozean, aus dem er hervorgegangen ist?
Er ist ganz einfach verrückt geworden![106]
Aber genau das tun Sie in jedem Moment, in dem Sie sich allein fühlen. In dem Sie glauben, getrennt von den anderen Menschen zu existieren, getrennt vom Universum, in dem Sie leben.
Eben das hat der Buddha in der Erleuchtung entdeckt: dass wir alle nichts weiter sind als Zellen im Organismus des Universums, das grenzenlos und in stetem Wandel begriffen ist.

---

106 Dass man einen armen, kleinen Wassertropfen nun gar als »verrückt« bezeichnet, zeigt schon deutlich, dass die Buddhaschaft alle Grenzen überschreitet.

Diese Erkenntnis ist das Herzstück aller mystischen Erfahrungen, die je gemacht wurden: Die Mystiker haben die vollkommene Einheit mit dem Ganzen erfahren, die innere Gemeinsamkeit mit dem Absoluten, in dem sie Gott erkannten.

Aber wie entwickelt man denn nun diese allumfassende Liebe?

Der Buddha hat uns gezeigt, wie es geht.

Mit *Mitgefühl* nämlich.

Das Wesen allumfassender Liebe sind liebende Güte und Mitgefühl.

Liebende Güte und Mitgefühl zielen auf das Glück aller Menschen ab und verlangen keine Gegenleistung.[107]

Mitgefühl ist die *Pflanze, aus der die Blüte der Liebe erwächst.*

Denn nur Mitgefühl lässt in uns Liebe entstehen.

Warum reagieren wir auf die Jungen jeder Spezies stets mit Liebe, nicht nur auf den menschlichen Nachwuchs, sondern auf den jeder Gattung?[108]

---

107 *Suttapitaka, Majjhima-Nikaya, Piyajatika Sutta.* Deutsche Fassung nach Giacobbe.

108 Es gibt Leute, die Krokodile züchten und voller Begeisterung zusehen, wie die Kleinen aus den Eiern schlüpfen und sofort nach allem schnappen, was sich irgendwie bewegt.

Die Tierjungen und anderen Babys wecken in uns Mitgefühl, weil sie noch schwach sind, unfähig, sich selbst zu ernähren, zu verteidigen, ja zu überleben.
Und was bedeutet »Mitgefühl« nun?
Wörtlich heißt es, dass wir »mitfühlen«, das heißt: Wir empfinden das Leid des anderen, als wäre es unser eigenes.[109]
Wir machen das Leid der anderen zu unserem eigenen.
Wir verstehen, was den anderen Menschen bewegt.
An der Wurzel des Mitgefühls steht das *Verständnis*.
Von Siddhartha selbst berichtet die Legende:

Er sah, dass Verständnis und Liebe eins sind: Ohne Verständnis gibt es keine Liebe.[110]

Verständnis bedeutet letztlich auch *Kenntnis*. Kenntnis zu haben von der Lebensgeschichte, dem Leid des anderen. Aus diesem Grund empfinden wir Mitgefühl für alle, die wir näher kennen, für unsere Freunde vor allem.

---

109 Die Worte für »Mitgefühl« und »Mitleid« leiten sich in vielen Sprachen vom lateinischen *compassio* ab, wobei *passio* allerdings nicht – wie häufig angenommen – »Leidenschaft«, sondern tatsächlich »Leid« bedeutet.

110 *Buddhacharita*, III, 24.

Weil wir ihre Geschichte kennen, ihr Leben, ihr Leid. Wenn Sie sich für die Geschichte, für Leben und Leiden der anderen interessieren, können Sie gar nicht anders, als Mitgefühl zu empfinden, wenn sie leiden. Und das bedeutet: *Wir schlüpfen in die Haut des anderen.*

Denn das Mitgefühl, das Sie für Ihren Mitmenschen empfinden, ist das Mitgefühl, das Sie eigentlich für sich selbst empfinden.

Und so beginnt die Reise zur allumfassenden Liebe in uns selbst.

Sie kennen Ihre Geschichte, Ihr Leben.

Sie kennen Ihre leidhaften Erfahrungen.

Wieso könnten Sie da kein Mitgefühl für sich selbst empfinden?

Verstehen Sie mich nicht falsch: Hier geht es nicht um Selbstmitleid und das ewige Gejammere jener, die sich stets als Opfer fühlen. Es geht um tiefes, aufrichtiges Mitgefühl für das Kind, den Teenager, den Mann oder die Frau, die Sie waren und die Sie sind.

Wenn Sie in der Lage sind, für das Kind, den Teenager, den Mann oder die Frau, die Sie waren und sind, Mitgefühl zu empfinden, können Sie sich selbst lieben. Um Ihrer selbst willen.

Sich selbst lieben zu lernen ist der erste Schritt hin zur Liebe für andere Menschen.[111]

Und Sie haben erst dann gelernt, sich zu lieben, wenn Sie sich akzeptieren und sich verzeihen können, wenn Sie Mitgefühl mit Ihrem Leid, Ihren Illusionen, Ihren Leidenschaften, Ihren Träumen, Enttäuschungen, Niederlagen, Wunden haben.
Dann lieben Sie sich und können auch andere lieben.
Denn dann werden Sie in den anderen Ihr eigenes Leid erkennen, Ihre Illusionen, Leidenschaften, Träume, Enttäuschungen, Niederlagen, Wunden.
Das ist es, was Liebe letztlich bedeutet: uns selbst im anderen zu erkennen.
Sind wir davon nicht ausgegangen?
Von der Identifikation mit dem Universum, das uns umgibt.
Denn tatsächlich gibt es zwischen uns und den anderen lebenden Wesen keinen Unterschied: Wir sind alle Teil dieses Universums. Wir alle machen die Erfahrung des *Leids*.
Die Meditation darüber, dass alle Wesen gleichermaßen Leid empfinden, führt zum *Mitgefühl* mit allen Wesen. Und Mitgefühl ist nichts anderes als *Liebe*.
Wenn Sie tatsächlich Ihre Anhaftung an Ihre Lieben,

---

111 Auch Jesus sagte: »Liebe deinen Nächsten wie dich selbst.« Matthäus 19, 19.

Ihre Eltern und Freunde überwinden, an die wenigen Wesen, von denen Sie Ihr Glück abhängig machen, dann haben Sie die Freiheit erworben, jedes Wesen im Universum zu lieben.

Sprechen die Menschen von Liebe, so beziehen sie sich normalerweise nur auf die Liebe zwischen Eltern und Kindern, Mann und Frau, Angehörigen oder Freunden. Doch das Wesen dieser Liebe beruht auf den Vorstellungen von »ich« und »mein«, daher bleibt sie in Anhaftung und Unterscheidung stecken. Die Menschen wollen einzig ihre Eltern lieben, ihre Ehegatten, ihre Kinder und Enkel, ihre Angehörigen, ihre Freunde. Weil sie in Anhaftung verstrickt sind, grämen sie sich über Unglücksfälle, die den geliebten Menschen zustoßen könnten, noch bevor diese tatsächlich geschehen. Tritt dann ein solcher Unglücksfall ein, dann erfahren sie schreckliches Leid. Liebe, die auf Unterscheidung beruht, führt zu Voreingenommenheit, zu Gleichgültigkeit, ja Feindseligkeit gegenüber all jenen, die wir aus dem Kreis unserer Lieben ausschließen. Anhaftung und Unterscheidung sind Quellen des Leids für uns und andere Menschen. In Wirklichkeit ist die Liebe, die alle Wesen ersehnen, die allumfassende Liebe.[112]

---

112 *Suttapitaka, Majjhima-Nikaya, Piyajatika Sutta*. Deutsche Fassung nach Giacobbe.

Jetzt wissen Sie, dass Ihre Anhaftung an jene Wesen nicht wahre Liebe war.
Es war vielmehr Ihr Bedürfnis, von diesen Wesen geliebt zu werden.
Wahre Liebe beruht nicht auf Bedürfnissen, da sie nicht auf Anhaftung beruht.
Wenn Sie wahrhaft lieben, erwarten Sie nichts von dem, dem Sie Ihre Liebe schenken.
Ihnen ist nicht wichtig, ob der andere Mensch von Ihrer Liebe weiß. Oder ob er Ihnen dafür dankbar ist. Und Ihre Liebe gar erwidert.
Ist es für eine Mutter von Bedeutung, ob ihr kleines Kind weiß, dass sie es liebt?
Liebt sie ihr Neugeborenes vielleicht weniger, weil dieses sich ihrer Liebe noch nicht bewusst ist?
Ist es für eine Mutter wichtig, ob ihr Kind ihr für diese Liebe dankbar ist?
Wie viele Mütter lieben ihre Kinder weiterhin, obwohl diese ihnen deutlich zu verstehen geben, dass sie darauf verzichten können!
Ist es für eine Mutter von Bedeutung, ob ihr Kind sie ebenfalls liebt?
Wie viele Mütter lieben ihre Kinder weiterhin, obwohl diese ihre Liebe nicht erwidern!
Wie viele Mütter lieben ihre Kinder, obwohl diese rauben, stehlen, betrügen, ja töten!

Das nämlich ist wahre Liebe: *den anderen bedingungslos zu akzeptieren*.

Dieses bedingungslose Annehmen ist wie eine Blüte, deren Trieb zwei Wurzeln hat: Nicht-Anhaftung und Mitgefühl.

Die innere Haltung des Nicht-Anhaftens erlaubt uns, Zugang zur allumfassenden Liebe zu finden, die durch unser Mitgefühl stets weiter wächst und gedeiht.

Wenn Sie in sich eine Haltung des Mitgefühls und der Nicht-Anhaftung entwickeln, erblüht in Ihnen spontan die Blüte der allumfassenden Liebe. Ganz natürlich, wie Blumen eben Blüten hervorbringen.

Die allumfassende Liebe entwickelt sich, wie jedes andere Gefühl, in erster Linie durch *stetig wiederholte Erfahrung*.

Wenn Sie immer wieder Liebe zu einem Menschen empfinden, wird diese Liebe stark und fest werden. Sie wird stärker als jedes andere Gefühl, wird *absolut*.

Daher kann auch Ihre Liebe zum Universum, zu jedem einzelnen Wesen innerhalb dieses Universums, die nichts anderes ist als die Liebe zu sich selbst, die sich auf das Universum ausdehnt, durch *Wiederholung* stärker werden.

Wenn Sie also in sich die allumfassende Liebe stärken wollen, müssen Sie lernen, sich Tag für Tag mit

dem Universum und seinen Geschöpfen zu verbinden. Machen Sie sich deren Leid gegenwärtig, sodass Sie Mitgefühl für alle Wesen des Universums empfinden und am Ende erkennen, dass Sie und die lebenden Wesen eins sind.
Allumfassende Liebe zu entwickeln heißt, dass wir uns auf das *vierte Rollenmodell* einlassen, zu dem wir Menschen fähig sind.
Wir gehen über unsere animalische Natur hinaus und lassen die Rollen des Kindes, des Erwachsenen und der Elternschaft hinter uns.
Wir werden zum Buddha, zum Gipfelpunkt der seelischen Entwicklung des Menschen.

Ein Buddha stellt den Gipfelpunkt der seelischen Entwicklung des Menschen dar.

Um in sich allumfassende Liebe zu entwickeln, sollten Sie folgende Übung machen:

Übung 5

1. **Ich lasse den Atem zur Ruhe kommen, entspanne mich körperlich und beobachte unbeteiligt meine Gedanken.**

2. Ich beobachte die Welt, die mich umgibt.
3. Ich bin mir der Vergänglichkeit aller Erscheinungen bewusst.
4. Ich befreie mich von jeder Anhaftung.
5. Ich mache mir bewusst, dass ich *Teil des Universums bin.*
6. Ich mache mir das *Leiden* aller Wesen bewusst.
7. Ich empfinde *Mitgefühl mit allen Wesen.*
8. Ich lasse meine *Liebe* für alle Wesen stärker und stärker werden.

Führen Sie diese Übung eine Woche lang durch.
Sie brauchen dazu weder besondere Umstände noch einen besonderen Ort.
Sie können diese Übung überall durchführen, sooft und solange Sie wollen.
In der fünften Woche heißt Ihr Ziel:

Mit dem Universum in Verbindung treten
und allen Wesen gegenüber Liebe entwickeln.

Das Mantra zur Verstärkung, das Sie im Geiste rezitieren, sooft und solange Sie wollen, lautet:

Ich bin	*Einatmen*
ein Buddha.	*Ausatmen*
Ich bin	*Einatmen*
Liebe.	*Ausatmen*

Und für die Damen:

Ich bin	*Einatmen*
eine Erleuchtete.	*Ausatmen*
Ich bin	*Einatmen*
Liebe.	*Ausatmen*

Kapitel 19

Wie man die Buddhaschaft bewahrt

Jetzt sind Sie ein Buddha oder eine Erleuchtete, auch wenn Ihre Buddhaschaft noch in den Kinderschuhen steckt. Sie muss verstärkt und ausgeweitet werden, bis sie Ihnen zur *wahren Natur* wird.

Doch wenn Sie die hier vorgestellten Übungen regelmäßig ausgeführt haben, ist die Buddhaschaft für Sie schon am Ende der fünften Woche zur Realität geworden, wie ich Ihnen das versprochen habe. Sie können sie in sich spüren.

Nun gilt es, die Buddhaschaft in Ihnen zu verankern, damit aus ihr ein stabiler Geisteszustand wird. Sie müssen also die Buddhaschaft »einüben«, doch dies verlangt Ihnen keine Anstrengung mehr ab, wie es die fünf Wochen zuvor getan haben. Es wird Ihnen eine *Freude* sein, die sich Tag für Tag erneuert.

Zu diesem Zweck müssen Sie nur *einmal täglich* die letzte Übung machen, allerdings in verkürzter Form. Das wird nun zu Ihrer dauerhaften Praxis.

Abschließende Übung

1. Ich lasse den Atem zur Ruhe kommen, entspanne mich körperlich und beobachte unbeteiligt meine Gedanken.
2. Ich beobachte die Welt, die mich umgibt.
3. Ich bin mir der Vergänglichkeit aller Erscheinungen bewusst.
4. Ich befreie mich von jeder Anhaftung.
5. Ich lasse meine *Liebe* für alle Wesen stärker und stärker werden.

Diese Übung ähnelt der traditionellen buddhistischen Praxis des Vipassana.[113]
Sie üben sich dabei bewusst in den fünf Kräften.
Den fünf Kräften des Buddha.
Mit der Zeit werden Sie dazu nur noch einige Minuten täglich brauchen.
Nach einer gewissen Zeit, deren Dauer von Mensch zu Mensch unterschiedlich ist, kommen Sie auch ohne die Übung aus. Dann ist Ihnen die Buddhaschaft zur wahren Natur geworden.

---

113 Es handelt sich hier allerdings um eine stark vereinfachte Version, die leichter zu praktizieren ist. Die traditionelle Vipassana-Meditation umfasst insgesamt 16 Stufen. (Siehe dazu: Buddhadhasa, *Mindfulness with Breathing*, a. a. O.)

Dann sind Sie wirklich zum Buddha beziehungsweise zur Erleuchteten geworden.
Damit dies tatsächlich geschehen kann, müssen Sie noch ein paar Punkte verstehen.
Zum einen muss Ihnen klar sein, dass Ihre innere Ruhe für Sie künftig den höchsten Stellenwert haben sollte.

Ihre innere Ruhe hat für Sie künftig den höchsten Stellenwert.

Glauben Sie nicht, dass dies egoistisch ist.
Denn wenn Sie ängstlich und besorgt sind, können Sie die anstehenden Probleme nicht annähernd so gut lösen, wie wenn Ruhe und Gelassenheit Ihre Haltung bestimmen.
Wenn Sie nicht ruhig bleiben, können Sie anderen Wesen nicht wirklich helfen.
Das wäre, als würde ein Flugzeug in großer Höhe fliegen, ohne Sauerstoff an Bord zu haben.
Sie können den Kindern nicht helfen, ihre Sauerstoffmasken anzulegen, wenn Sie die Ihre nicht tragen.
Sie können anderen nicht beistehen, wenn es Ihnen selbst nicht gut geht.
Innere Ruhe ermöglicht Ihnen *Effizienz.*

In der Nähe eines gelassenen Menschen wird jeder gelassen. Wenn Sie eine Haltung der Gelassenheit an den Tag legen, dann ist allein Ihre Präsenz schon für andere inspirierend und hilft ihnen, selbst innere Ruhe zu verwirklichen.
Allein dies ist schon ein Akt der *Liebe.*
Der zweite Punkt, den Sie unbedingt verstehen müssen, ist, dass das Leiden *drei unmittelbare Ursachen* hat, die sich als *Erwartungen*, *Ängste* und *Schuldgefühle* charakterisieren lassen.

Das Leiden hat drei unmittelbare Ursachen: Erwartungen, Ängste und Schuldgefühle.

Alle drei Geisteszustände haben *keine reale Grundlage.*
Erwartungen sind der Wunsch, die Wirklichkeit möge so sein, wie wir uns das vorstellen. Dass dies nicht immer der Fall sein kann, liegt auf der Hand. Auf jeden Fall ist niemand daran schuld, wenn unsere Erwartungen sich nicht erfüllen.
Das Beste ist, sie vollkommen aufzugeben.
Niemand hat das Recht, von anderen Menschen etwas Bestimmtes zu erwarten.
Auch hinter unseren Ängsten steckt immer eine Furcht vor etwas, das nicht da ist.

Wenn ein Autobus direkt auf mich zuhält und ich Angst habe, dann ist das prima.
Denn nur so kann ich mich vor dem Bus in Sicherheit bringen.
Aber wenn ich in meinem Lehnstuhl sitze und Angst habe, weil ich mir vorstelle, dass ein Autobus auf mich zurollt, dann habe ich Angst vor etwas, das nicht da ist.
Eine imaginäre Angst.
Imaginäre Ängste sind ohne reale Grundlage. Sie sind durchweg neurotisch.
Auch Schuldgefühle entbehren jeder Grundlage in der wirklichen Welt.
Schuld entsteht nur dann, wenn Sie eine üble Tat begehen und wissen, dass dies eine üble Tat ist. Also dann, wenn Sie mit Absicht handeln.
Nur ein Verrückter würde allerdings bewusst etwas Übles tun.
Ein normaler Mensch, und Sie sind ein normaler Mensch, tut das *nie*.
Tatsächlich werden uns Schuldgefühle immer von jenen Menschen eingeredet, die uns *beherrschen* wollen.
Je sensibler Sie sind und je ausgeprägter Ihr moralisches Empfinden, desto einfacher tappen Sie in die Falle des Schuldgefühls, die sozusagen extra für Sie

ausgelegt wurde, um Sie zu manipulieren und auszunützen.
Und das kann einen freilich verrückt machen.
Das Beste ist also, Sie legen Ihre Erwartungen, Ängste und Schuldgefühle völlig ab.
Wenn andere Menschen behaupten, dass sie um Ihretwillen leiden, dann glauben Sie ihnen einfach nicht.
Was sie behaupten, ist eine Lüge.
Vielleicht glauben diese Leute ja wirklich, was sie sagen, aber es stimmt nun mal nicht.
Denn dies ist eine Gesetzmäßigkeit der Psyche:

Niemand kann einen anderen Menschen leiden lassen. [114]

Bleiben Sie also weiterhin gelassen.
Sie sind nicht schuld am Leiden anderer.
Jeder Mensch ist selbst Ursache seines Leidens.
Wenn jemand den Leiden seines Geistes ausgesetzt ist, dann liegt das daran, dass er noch nicht die Gelassenheit eines Buddha entwickelt hat.
Und das ist schließlich nicht Ihre Schuld.

---

114 Diese Aussage bezieht sich natürlich nur auf seelische Leiden.

Sie tragen nicht die Verantwortung für das Leiden anderer Menschen.
Nicht einmal dann, wenn es Ihr Tun ist, das dieses Leiden auslöst.
Sie, die Sie mittlerweile zum Buddha beziehungsweise zur Erleuchteten geworden sind, wissen, dass Ihr Leiden nicht vom Verhalten der anderen Menschen verursacht wird, sondern von Ihren persönlichen Erwartungen, Ängsten und Schuldgefühlen.
Dasselbe gilt auch für die anderen Menschen.
Machen Sie sich lieber eines bewusst: Das Leid ist nötig, um bewusst innerlich wachsen zu können.
Daher verdient es unsere Achtung.
Ein Buddha respektiert das Leiden anderer, weil sie so *Gelegenheit zum Wachstum* erhalten.
Andere unter allen Umständen vom Leid befreien zu wollen oder deren Leid gar auf sich zu nehmen ist ein hochgradig *neurotisches* Verhalten.
Befreien Sie sich zunächst einmal *selbst* vom Leid und lassen Sie die anderen für sich selbst sorgen.
Wenn Sie freilich um Hilfe gebeten werden, dann helfen Sie.
Geben Sie jedoch Acht, dass Sie nicht dem Pfadfinderkomplex erliegen. Sie wissen schon, das sind die Jungs, die alten Damen über die Straße helfen, obwohl diese gar nicht über die Straßen wollen.

Wenn Sie mit den Mantras im Buch gut arbeiten konnten und diese Praxis beibehalten möchten, verwenden Sie doch folgendes Mantra:[115]

Ich bin	*Einatmen*
ein Buddha.	*Ausatmen*

Für die Damen:

Ich bin	*Einatmen*
eine Erleuchtete.	*Ausatmen*

115 Dieses Mantra können Sie das ganze Leben lang rezitieren.

Zu guter Letzt

Sie haben nun das Rad des Karmas in Bewegung gesetzt. Das Rad Ihres *Karmas.*

Es wird Sie zur Vollendung Ihrer *spirituellen Entwicklung* tragen.

Es ist kein Zufall, dass Sie dieses Buch gelesen und seine Hinweise befolgt haben.

Viele andere Menschen haben das Buch schließlich ebenfalls in der Buchhandlung liegen sehen und es nicht beachtet.

Andere haben es gelesen und dann wieder vergessen. Sie aber haben die Übungen gemacht, weil Sie bereit dafür waren.

Und damit konnten Sie Ihren *spirituellen Weg* vollenden.

Denn der Same der Buddhaschaft war bereits in Ihnen angelegt. Der Same der allumfassenden Liebe, die Sie immer stärker und stärker werden lassen wollen, bis sie Ihr Herz und Ihr Leben ganz erfüllt. Auf diese Weise hat Ihr Leben einen neuen Sinn, eine

neue Bedeutung im großen Räderwerk des Universums bekommen.
Denn sich zum Buddha zu entwickeln, nach der Buddhaschaft zu streben und sie bewahren zu wollen gibt unserem Leben einen neuen Sinn.
Nur wenige sind in der Lage, sich diesem großen Ziel zu widmen.
Sie gehören zu diesen wenigen.
Aus diesem Grund wurde dieses Buch geschrieben: Um Ihre Entwicklung und die all jener Menschen, die wie Sie bereit sind, voranzutreiben.

Um Sie zum Buddha werden zu lassen.

Auf Ihrem Weg zur Buddhaschaft
begleiten Sie
alle Buddhas, die Ihnen vorausgegangen sind,
mit ihrer Energie und ihren Fähigkeiten.
Ihre Kraft gehört Ihnen,
ihre Erkenntnis gehört Ihnen,
ihre Liebe gehört Ihnen.

Der Buddha ist mit Ihnen.

Sie sind ein Buddha.

Sie sind eine Erleuchtete.